치유인문컬렉션

——

02

차크라의 지혜

KB212112

Collectio Humanitatis pro Sanatione II

homo

미다스북스

치유인문컬렉션 도서 목록

I

『자기배려, 스스로 돌보는 몸과 삶』

II

『차크라의 지혜』

III

『숲을 만나는 기쁨』

IV

『감정조율을 위한 소리 이야기』

V

『행복해질 수 있는 용기』

VI

『청춘 위로』

VII

『다무포하안마을 고래의 꿈』

VIII

『오직 모를 뿐 벽암록』

IX

『고전치유학을 위하여』

X

『위로의 도시』

XI

『금강산을 누워서 걷노라니』

XII

『파리는 당신을 기억합니다』

* 콜렉티오 후마니타티스 프로 사나티오네(Collectio Humanitatis pro Sanatione)는 라틴어로 치유인문컬렉션이라는 뜻입니다. 세상의 상처를 치유하기 위해서는 인간이 만들어낸 모든 학문이 동원되어야 한다는 생각에서 출발합니다.

나도 좋고 남도 좋은 치유는 '스스로의 사랑'에서 시작한다.
치료(cure) 역시 치유(care, healing)가 전제되어야 한다.

자신을 소중하게 대하는 자세로 몸과 마음을 세심하게 관찰하고
몸과 마음을 조절하는 습관을 들이면 건강한 삶을 이어갈 수 있다.

마을 입구에서 백 년 이상 버텨 온
뿌리 깊어 바람에 흔들리지 않는
나무가 되어야 한다.
존재만으로 감사하고 평안을 느끼는
그런 어른이 많아져야 한다.

뿌리 깊은 나무들이 든든한 버팀목이 되는
숲이 되면 좋겠다.

목차

3장 시간을 들여 만드는 체질

4장 사랑할 힘도 건강에서 나온다

5장 철들면 자유자재 – 차크라의 지혜

치유인문컬렉션을 기획하면서

존재와 치유, 그리고 인문

존재

"나는 생각한다, 그러므로 존재한다."

어느 이름난 철학자가 제시한 명제. 생각으로부터 존재하는 이유를 찾는다는 뜻이다. 나름 그럴듯한 말이지만 결국 이 말도 특정한 시기, 특정한 공간에서만 적절한 명제이지 않을까? 물론 지금도 그때의 연장이요, 이곳도 그 장소로부터 그리 멀지 않다는 점에서 그 말의 효능은 여전하다고 하겠다. 다만 존재 이전에 생각으로 존재를 규정하는 것이 가끔은 폭력이라는 생각도 든다. 나는 이렇게 실제 존재하고 있는데, 존재를 증명하기 위해 합리적이고 논리적인 설득을 선결해야 한다. 만일 존재를 설득해내지 못하면 나의 존재는 섬망(譫妄)에 불과할지도 모르다니! 그래서 나는 이 말의 논리가 조금 수정될 필요가 있다고 생각한다.

"나는 존재한다. 그러므로 존재한다."

존재 그 자체가 존재의 이유인 것이다. 누가 호명해주지 않아도 존재하는 모든 것은 나름의 이유가 있고, 존중받을 가치를 지니고 있다. 존재는 그 자체로 완전하며 누군가의 판단 대상이 아니다. 비교를 통해 우열의 대상이 되어도 안되고, 과부족(過不足)으로 초과니 결손으로 판단되어도 안된다. 또한 사람이든 동물이든, 식물이든, 벌레든 외형이 어떤가에 상관없이 세상에 나오는 그 순간부터 존재는 이뤄지고 완성되며 온전해진다. 존재는 태어나고 자라고 병들고 죽는다. 이 자체는 보편진리로되, 순간마다 선택할 문은 늘 존재한다. 그 문도 하나가 닫히면 다른 문이 열리니, 결국 문은 열려 있는 셈이다. 그 문을 지나 길을 걷다 보면 어느새 하나의 존재가 된다. 어쩌면 순간순간 선택할 때는 몰랐지만, 이것이 그의 운명이요, 존재의 결과일지도 모를 일이다. 그런 점에서 그의 선택은 그에게 가장 알맞은 것이었다. 존재는 그 자체로 아름답다.

치유

그런 점에서 치유라는 개념은 소중하다. 치유는 주체의

존재에 대한 긍정을 바탕으로 자신을 스스로 조절해가는 자정 능력을 표현한다. 외부의 권위나 권력에 기대기보다는 원력(原力, 원래 가지고 있던 힘)에 의거해 현존이 지닌 결여나 상처나 과잉이나 숨가쁨을 보완하고 위로하며 절감하고 토닥여주는 것이다. 원력의 상황에 따라서 멈추거나 후퇴하거나 전진을 단방(單方)으로 제시하며, 나아가 근본적인 개선과 전변, 그리고 생성까지 전망한다. 간혹 '치유는 임시방편에 지나지 않은가' 하는 혐의를 부여하기도 한다. 맞는 지적이다. 심장에 병이 생겨 수술이 급한 사람에게 건네는 위로의 말은 정신적 안정을 부여할 뿐, 심장병을 없애지는 못한다. 그러나 병증의 치료에 근원적인 힘은 치료 가능에 대한 환자의 신뢰와 낫겠다는 의지에 있음을 많은 의료 기적들은 증언해주고 있다. 어쩌면 우리는 이 지점을 노리는지도 모르겠다.

구름에 덮인 산자락을 가만히 응시하는 산사람의 마음은 구름이 걷히고 나면 아름다운 산이 위용을 드러내리라는 믿음을 바탕으로 한다. 내보이지 않을 듯이 꼭꼭 감춘 마음을 드러내게 만드는 것은 관계에 대한 은근한 끈기와 상대에 대한 진심이 아니던가! 치유는 상처받은 이(그것이 자신이든 타인이든)에 대한 진심과 인내와 신뢰를 보내는 지극히 인간적인 행위이다. 마치 세상의 모든 소리를 듣고 보겠다는 관세음보살의 자비로운 눈빛과 모든 이의 아픔을 보듬겠다며 두 팔을 수줍게 내려 안는 성모마리아의 자애로운 손짓과도 같다. 이쯤 되면 마치 신앙의 차원으로 신화(神化)되는 듯하여 못내 두려워지기도 한다. 그러나 치유의 본질이 그러한 것을 어쩌겠는가!

인문

우리는 다양한 학문에서 진행된 고민을 통해 치유를 시도하고자 한다. 흔히 인문 운운할 경우, 많은 경우 문학이나 역사나 철학 등등과 같은 특정 학문에 기대곤 한다. 이는 일부는 맞고 일부는 그렇지 않다. 세상은 크게 세 가지로 구성되어 있다. 여러분이 한번 허리를 곧게 세우고 서 보라. 위로는 하늘이 펼쳐져 있고, 아래로 땅이 떠받치고 있다. 그 사이에 '나'가 있다.

고개를 들어본 하늘은 해와 달이, 별들로 이뤄진 은하수가 시절마다 옮겨가며 아름답게 수놓고 있다. 이것을 하늘의 무늬, 천문(天文)이라고 부른다. 내가 딛고 선 땅은 산으로 오르락, 계곡으로 내리락, 뭍으로 탄탄하게, 바다나 강으로 출렁이며, 더러는 울창한 숲으로, 더러는 황막한 모래펄로 굴곡진 아름다움을 이루고 있다. 이것을 땅의 무늬, 지문(地文)이라고 부른다. 그들 사이에 '나'는 그

수만큼이나 다양한 말과 생각과 행위로 온갖 무늬를 이 뤄내고 있다. 이것을 사람의 무늬, 인문(人文)으로 부른다.

인문은 인간이 만들어내는 모든 것을 가리킨다. 그 안에 시간의 역사나 사유의 결을 추적하는 이성도, 정서적 공감에 의지하여 문자든 소리든 몸짓으로 표현하는 문학 예술도, 주거 공간이 갖는 미적 디자인이나 건축도, 인간의 몸에 대한 유기적 이해나 공학적 접근도, 하다못해 기계나 디지털과 인간을 결합하려는 모색도 있다. 이렇게 인문을 정의하는 순간, 인간의 삶과 관련한 모든 노력을 진지하게 살필 수 있는 마음이 열린다. 다만 이 노력은 인간이 지닌 사람다움을 표현하고 찾아주며 실천한다는 전제하에서만 인문으로 인정될 수 있다. 이제 천지와 같이 세상의 창조와 진퇴에 참육(參毓)하는 나를, 있는 그대로 바라볼 때가 되었다.

餘滴

어데선가 조그마한 풀씨 하나가 날아왔다. 이름 모를 풀씨가 바윗그늘 아래 앉자 흙바람이 불었고, 곧 비가 내렸다. 제법 단단해진 흙이 햇빛을 받더니, 그 안에서 싹이 올라왔다. 그런데 싹이 나오는 듯 마는 듯하더니 어느

새 작은 꽃을 피웠다. 다음 날, 다시 풀씨 하나가 어데선가 오더니만 그 곁에 앉았다. 이놈도 먼저 온 놈과 마찬가지로 싹을 틔우고 꽃을 피웠다. 그런데 이게 웬일인가! 그 주위로 이름 모를 풀씨들은 계속 날아와 앉더니 꽃을 피워댔다. 이들은 노란빛으로, 분홍빛으로, 보랏빛으로, 하얀빛으로, 혹은 흩색으로 혹은 알록달록하게 제빛을 갖추었다. 꽃 하나하나는 여려서 부러질 듯했는데, 밭을 이루자 뜻밖에 아름다운 꽃다지로 변했다. 생각지도 못한 일이었다!

이 컬렉션은 이름 모를 풀꽃들의 테피스트리다. 우리는 처음부터 정교하게 의도하지 않았다. 아주 우연히 시작되었고 진정 일이 흘러가는 대로 두었다. 필자가 쓰고 싶은 대로 쓰도록 했고, 주고 싶을 때 주도록 내버려 두었다. 글은 단숨에 읽을 분량만 제시했을 뿐, 그 어떤 원고 규정도 두지 않았다. 자유롭게 초원을 뛰어다닌 소가 만든 우유로 마음 착한 송아지를 만들어내듯이, 편안하게 쓰인 글이 읽는 이의 마음을 편안하게 할 것이라는 믿음 때문이었다. 우리는 읽는 이들이 이것을 통해 자신을 진지하게 성찰하고 새롭게 각성하기를 원하지 않는다. 그저 공감하며 고개를 주억거리면 그뿐이다. 읽는 분들이여, 읽다가 지루하면 책을 덮으시라. 하나의 도트는 점박이를 만들지만, 점박이 101마리는 멋진 달마시안의 세계를 만들 것이다. 우리는 그때까지 길을 걸어가려 한다. 같이 길을 가는 도반이 되어주시는 그 참마음에 느꺼운 인사를 드린다. 참, 고맙다!

2024년 입추를 지난 어느 날
치유인문컬렉션 기획위원회 드림

온전하게 하나인 인간다운 삶

  널리 이롭다는 홍익(弘益)! 홍익을 지향하는 사람들이 꿈꾼 대한민국! 나도 좋고 우리 모두가 좋은 홍익 세상!

  최근 들어 왜 이리 힘들지? 세상이 아니라 '내 탓'의 반성 문제인가? 병이라면 치료해서 해결하지만, 병이 아니면 어떻게 하나? 이러한 고민에 빠져 있을 때 '치유인문학'을 만났다. 한의학과 한문의 오래된 만남이 치유인문학 발간으로 이어졌다. 치유인문학 원고를 고민할수록 나의 문제였음을 깨달았다. 세상사 새로운 건 없고 과학이 확신을 더해주지만, 내게 맞는 방법으로 꾸준한 실천이 어려울 뿐이다.

  팬데믹(Pandemic)을 가까스로 넘겼지만, 전쟁이 이어지고 권력자의 횡포로 사회적 갈등이 고조되는 세상에 한의학의 지혜를 전하고 싶다. 고전의 의학지식 전달에 급급한 시절에 썼던 '칼럼'을 다시 보면서 여전히 함께 나누고 싶은 이야기를 추렸다.

치료를 넘어 '치유(治癒)'를 위해, '몸 · 맘'을 동시적으로, '체질'의 업(業)을 씻으며, 나를 '사랑'하는 힘을 나누며, 세상사 '자유(自由) · 자재(自在)로움'을 향해 가는 여정을 그렸다. 오래 묵힌 장맛의 매력을 철들고 알듯이, 새로울 게 없지만 되새겨보면 도움이 되리라 기대해 본다. '좋아요'가 전공 지식의 융회(融會)를 이루고, 알고리즘이 새로운 인연을 이어주는 시대에 나 역시 YouTube로 공부 중인 내용을 댓글처럼 독백으로 덧붙였다.

인간은 시각을 통해 정보의 80%를 받아들인다. 폰 카메라로 공유하는 사진이 인류를 연결시킨다. 인터넷과 인공지능(AI, Artificial Intelligence)이 서로를 설득하고 공감을 확산시킨다. 이제 인류는 인터넷과 인공지능에 의해 통합되고 진화한다.

대학 시절 입담배 몇 모금 한 적 있고, 젊음에 기대어 술을 마셨지만 즐기지 않았음을 뒤늦게 알았다. 환갑(還甲)을 넘기면서 고마움을 전하고 싶은 선후배는 하나같이 담배도 끊지 않았고 술을 즐기고 있어 나와 다른데 왜 그리울까 궁금했었다. 동시대를 함께 한 그들은 다들 막내여서인지 또래와 다른 얘깃거리가 풍부해 나의 호기심을 자극하

였고, 대화는 즐거우면서 고민의 답을 얻을 때까지 기다려
주는 여유를 가진 공통점이 있었다. 철들고 나니 생동감을
자극하고 여유 가진 그들이 소중함을 느낀다.

나도 좋고 남도 좋은 치유는 '스스로의 사랑'에서 시작한
다. 치료(cure) 역시 치유(care, healing)가 전제되어야 한다. 자신
을 소중하게 대하는 자세로 몸과 마음을 세심하게 관찰하
고 몸과 마음을 조절하는 습관을 들이면 건강한 삶을 이어
갈 수 있다.

초고령화 시대를 맞이하는 입장에서 노년을 어떻게 살
것인지, 죽음을 어떻게 맞이해야 할 것인지가 화두이지만,
나는 남은 삶을 일정이 공개되지 않은 설렘 가득한 첫 소
풍 같은 '새로운 여행'으로 생각하기로 했다. 삶은 끝을 향
해 가는 직선이 아니라 몸의 구속에서 벗어나 우주와 다시
합일되는 순간 새로운 출발로 이어지므로, 건강하게 여행
떠날 몸만들기를 시작하기로 마음먹었다.

어른을 진부(陳腐)하고 고루(固陋)한 꼰대로 취급하고 과학
이나 이성으로 분별하면서 경험도 무시한다. '의학 3.0'에
서는 치매, 암, 당뇨, 심장병과 노화를 피하고 건강하게 오
래 사는 새로운 패러다임을 제시한다. '의학 2.0' 시대의 삶
과 병에 대한 과학적 한계를 인정하고, 자기 몸을 통한 경

험을 피드백 삼아 30대부터 개인 맞춤형 운동, 영양, 수면, 정서 관리를 시작하면 병원이나 요양원에서 보내는 무의미한 노후를 줄일 수 있고, 더 오래 건강하게 살 수 있다는 것이다.

어른들 말씀이 여전히 유효하고 옛날 말 하나도 버릴 게 없다. 인간은 누구나 몸의 역사에서 예외가 없다. 경험이 누적된 몸을 인정하고 스스로 자신에게 맞는 '패턴'을 빨리 찾아 양생을 실천해야 한다. 중국에서 벗어나 향약을 강조하며 '동의(東醫)'를 선언한 구암(龜巖)이나, 개인 맞춤 의료를 '사상(四象)'으로 창의한 동무(東武)의 이론을 재조명하는 이유가 여기에 있다. 지난 칼럼을 주제별로 묶고 나 자신을 위한 관심 분야 자료와 연결하며 실천을 다짐하는 마음으로 책을 마무리하였다.

빛과 소리 그리고 마음이 온전하게 하나인
인간다운 삶으로 이어지길 기대하면서…….

마지막 연구년에
여은진현이랑(與恩眞賢二廊)에서 바깥주인

1장

마음부터
해부하여 치유할 것

'빨리빨리'에서
탈출하기를 바라며

현대에는 생명을 위협하는 전염병이나 교통사고 등의 응급상황보다 고령화로 인한 만성질환 그리고 노인병을 겪는 사람이 대부분이다. 무엇보다 삶의 질(Quality of Life)과 관련된 병 같지 않은 병이 더 문제다. 정신질환도 격리나 감금보다 치료와 상담을 병행하는 방식으로 바뀌었고, 심리상담은 삶의 질뿐만 아니라 '성장하는 삶'이나 '인간다운 삶'을 지향하도록 지원하고 있다.

'빨리빨리'는 우리의 상징이다. 농업에서 공업, 상업, 서비스업, 정보통신까지 압축 성장하는 동안 문화가 되어버렸다. '새마을운동'부터 '산업 역군 양성'까지 온 나라가 그렇게 살았다. 선진국의 기적도 '빨리빨리' 덕분이다. 정도의 차이가 있지만, 현대인들은 '패스트푸드(fast food)'가 나쁜 줄 알면서도 빨리 먹고 일하는 '워커홀릭(workaholic)'에서 벗어나지 못한다. 시간 대비 효율을 높이고 생산성이 자본으로 이어지는 삶에서 여유는 사치스럽고 비생산적이며 개인이나 국가에 득이 없다는 가치 때문이다.

'빨리빨리'는 예상보다 '일찍'이란 뜻도 있지만, 목표가 정해지면 '판단하지 말고', '질문하지 말라'는 속뜻도 있다. 개인은 사라지고 집단만 남았으며, 자유가 사라지고 강요만 남았다. 정신없이 목표를 향해 달리는 상황에서 인간다운 삶은 사라진다. 사회 갈등도 '빨리'와 '천천히' 때문이다. 개인이나 국가의 발전을 위해 '빨리'를 유지하자는 입장과 여유를 가지고 '천천히'로 바꾸자는 입장 사이에서 갈등이 발생한다. 정치의 보수와 진보, 기업의 사용자와 근로자, 성별 갈등도 마찬가지다.

최근 의대 증원으로 야기된 의료대란이 정부의 일방적 결정에서 비롯되었지만, 국가 의료시스템을 둘러싼 갈등의 근원에도 '빨리' 문화가 있다. 조금만 아파도 부작용을 감수하고 빨리 고쳐서 일상으로 복귀할지 아니면 병을 계기로 삶을 되돌아보며 적정한 의료지원을 받을지의 문제이다. '빨리' 치료할지 아니면 '천천히' 회복할지 비용 대비 효과와 관련하여, 국가와 개인의 문제부터 중앙과 지역, 치료와 치유, 치료와 예방, 궁극적으로 삶과 죽음에 대한 가치에 대한 합의가 필요한 시점이다.

전체 평균으로 개인의 사건을 설명할 수 없고, 평균으

로 정상을 판단하는 방식으로 질병을 예방할 수 없다. 건강이나 질병에 대한 '개인'의 판단과 가치 그리고 치료와 예방에 대한 선택의 '자유'보다 효율을 우선하다 보면 강제로 인한 국가 책임만 남게 된다. 기존 치료는 '삶'에 집중하기보다 '죽음'으로부터 구하기 위주였다. 국민건강검진으로 질병을 예방하거나 치료를 줄일 수 없었다. 왜냐하면 평가되지 않는 건강 요소가 너무 다양하고 표준을 정상으로 생각하는 함정에 빠져 개인이 스스로 예방할 기회를 놓치기 때문이다.

치료(care)가 아닌 치유(cure)는 집단보다 '개인', 그리고 강요보다 '자율'를 전제해야 한다. 감염과 위생 개념에서 발전한 치료 시대를 거치면서 질병은 대상이 되었고 삶의 질은 개인 과제로 뒷전으로 밀려났다. 사경을 헤매다 살아나면 그것만으로 감사하던 시대는 지났고, 이젠 일상으로 복귀를 생각하며 차라리 죽는 게 낫다고 말하는 사람이 많아졌다. 삶이나 행복의 기준이 달라졌기 때문이다. 이젠 삶의 가치를 생각하며 지친 우리에게 위로가 필요하다. 자신을 위로하며 여유 있는 삶으로 전환할 시점이다. 위태로운 생명 치료를 넘어 마음을 녹이는 손길이 필요하고, 행복으로 삶을 채우는 치유의 시대가 도래했다.

1장에서 다룰 내용은 감정의 네트워크, 정서 교류, 스트레스 해소, 탈영(脫營)과 실정(失精)이다. 예를 들어 노년기 잦은 격노는 간(肝)을 망친다. '비위' 병을 치료할 때 식욕뿐 아니라 감정조절과 계절도 함께 고려한다. 이는 감정의 복잡한 네트워크를 고려한 치유법이다. 자신과 전혀 다른 사람을 이해하면 스스로 심리치료사가 될 수 있다. 타고난 성품과 신체 특성을 팔자(八字)로 추론하고 조짐을 미리 알면 병을 예방할 수 있다. 2천 년 전에 이미 돈이나 명예로 인한 현대병인 정신질환을 치료한 기록이 있다.

'빨리'라는 강박에서 벗어나면 여유가 생긴다. 여유는 몸을 천천히 움직이게 만들고 정신을 차리게 하여 따뜻한 인간으로 돌아가게 한다. 봄의 따스한 기운은 겨우내 단단하게 얼어붙은 땅을 뚫고 올라오는 새싹처럼 부드러움이 있다. 여유로운 마음은 바로 봄기운이다.

감정 표출의 강도 조절하기

    감정 변화가 우리 몸에 얼마나 많은 변화를 초래하는지 그리고 웃음이 건강에 얼마나 긍정적인 영향을 미치는지, 이제 엔도르핀(endorphin)은 우리에게 익숙하게 되었다. 사소한 감정 변화가 전신의 질병이나 수명에 미치는 영향은 기계와 다른 인체의 신비이다.

    한의학 고전인 『황제내경(黃帝內經)』에서는 감정을 장부(臟腑)와 연결하였다. 성낼 노(怒)는 간, 웃을 희(喜)는 심, 생각 사(思)는 비, 슬플 비(悲)와 근심 우(憂)는 폐, 놀랄 경(驚)과 두려울 공(恐)은 신과 짝이 되어 상호 영향을 미친다는 원리를 제시하였다. 오행학설에 맞춘 독특한 이론으로, 감정이 신체 내부 장부와 연관되어 있으므로 감정 변화가 오장에 영향을 미치고 동시에 오장 상태가 감정으로 표현된다는 이론이다.

    예를 들면 신경질적이고 아무런 이유도 없이 화를 잘 내거나 목소리가 크면서 마치 싸울 듯이 감정을 표현하는 사람은 간 기능이 정상치를 벗어났다고 본다. 흔히 화를 많이 내면 간이 나빠지는 이유는 지나친 화가 열을 만들어 간을 피로하게 만들기 때문이다. 마찬가지로 화를 내지 못하는 사람도 병이 생길 수 있음은 당연한 일이다. 간기울결(肝氣鬱結), 간화상염(肝火上炎)의 병증(病證)은 간장 [Liver]과 다른 개념이다.

쓸데없이 분위기에 맞지 않게 웃음이 헤프거나 실없이 웃는 사람은 심 기능이 이상한 것이며, 잡다한 생각이 많아서 항상 근심 걱정에 쉽게 빠지고 고민이 쌓여 스트레스를 쉽게 받는 사람은 비 기능이 이상한 사람이다. 늘 침통하고 우울하며 비관적인 생각이 많이 드는 사람이면 폐 기능이 나쁘며, 사물이나 사람에 대한 공포심이 많고 작은 소리에도 깜짝깜짝 놀라는 사람은 신 기능이 약한 사람이다.

감정이 장부 병을 일으키는 이유는 지나치거나 혹은 부족한 감정 변화가 신체의 한열 변화를 만들기 때문이다. 화나 웃음은 흔히 신체에 열을 만들고 슬픔이나 근심, 두려움과 공포감은 신체를 싸늘하게 만들어 생리적 불균형을 초래한다. 평소 신체에 열이 많은 사람은 열을 만드는 감정을 자제해야 하고 반대로 몸이 찬 사람은 차게 만드는 감정을 일으키지 말아야 한다.

흔히 참는 것이 미덕이라고 말하지만, 부족한 감정도

신체 한열의 불균형을 초래하므로 감정을 드러내지 않고 억누르는 것도 권할 일이 아니다. 감정을 상황에 맞게 표현할 수 있어야 한다. 예를 들면 불의를 보면 분노할 줄 알고 기쁜 일을 보면 환한 미소를 띠며 사리를 판단할 줄 알아야 한다. 슬픈 영화를 보면 눈시울을 붉히고, 두려운 일에는 소름이 끼치고 겁에 질려야 한다. 감정 표현은 신체에 한열 변화가 나타나지 않을 정도면 적절하다. 감정을 적절히 조절하여 감정 변화로 인하여 열이 나지도 몸이 싸늘해지지도 않도록 유지해야 할 것이다.

2.

날씨 따라
기분을 살펴야 하는 이유

끝없이 내릴 것 같은 장마도 물러가고 본격적인 무더
위가 시작된다. 사계절 기후는 부족한 불급지기(不及之氣)
와 지나친 태과지기(太過之氣)로 구분한다. 여름 장마는 오
행 토(土)의 지나친 태과지기로 돈부(敦阜)[1]라 한다.

여름 장마철이 되면 마른 사람이건 살이 찐 사람이건
힘겨워하기는 마찬가지지만 살찐 사람이 남 보기에도 힘
들어 보이기 마련이다. 지나친 기운인 돈부는 끝도 없이
내리는 장맛비와 같고, 마치 물풍선처럼 뚱뚱한 사람과
같고, 오장(五臟)에서 무엇이든 가리지 않고 잘 먹는 소위
먹성 좋은 사람의 비위(脾胃)와 짝이 된다. 기후가 습해지
면 물건이 제대로 마르지 않으면서 조금만 습기가 있어
도 점점 습기가 넘치게 되듯이 습하다고 비유되는 뚱뚱
한 사람은 먹기도 잘 먹고 잘 먹는 만큼 살도 잘 찌는 경
우가 많다. 악순환을 되풀이하게 된다. 살찐 사람은 여름
이 되면 욕동저하(慾動低下)를 겪는다. 욕동저하는 욕구와

행동이 떨어지게 되는 비정상적 심신질환이다. 만사가 귀찮고 하고 싶은 일이 없어 매사에 의욕이 상실되며, 행동 저하까지 나타나 운동량이 부족해진다. 서 있기조차 귀찮을 정도이며 자꾸만 앉고 싶고 앉으면 눕고 싶게 된다. 이런 상태가 지속되면 결국 정신적 스트레스가 심해져서 군것질거리를 찾게 되고, 피곤해서 낮잠을 자고, 움직이지 않는 상태가 되고 만다. 특히 여름에 날씨가 덥거나 장마로 외출이나 운동이 어려워지면 상황은 점점 더 심각해진다.

사람도 동물이므로 본능적으로 움직여야 병이 없다. 몸이 무거워 움직이지 않으면 마음도 무거워질 수밖에 없으며 마음이 무거워지면 몸도 귀찮은 존재가 되기 마련이다. 꽃이나 나무가 아닌 이상 사람은 부지런히 움직여야 한다. 간 질환을 앓고도 산을 타면서 회복이 되었다거나 디스크질환을 등산으로 치유하고 허리가 더 튼튼해졌다는 사람들은 모두 몸을 움직여서 병이 나은 사례이다. 몸을 움직이면 체내 노폐물이 빠져나가고 근육은 점점 단단해지기 마련이다.

여름에 몸이 무거워지고 마음이 나른해질수록 움직여야 한다. 특히 평소 몸이 무거운 사람일수록 가벼운 산책부터 시작하여 활동량을 늘려야 한다. 만일 스스로 몸을 가눌 수 있는 한계를 넘기면 만사 움직이기가 귀찮아진다. 결국 이 상태가 되면 활동량이 줄어 먹고 자기만 할 뿐이어서 신체를 움직이지 않는 한편 지나치게 먹기만 하는 악순환을 되풀이하게 된다.

무더울수록 몸을 움직여서 땀을 흠뻑 흘리고 나면 오히려 몸이 개운하고 시원해진 것을 느낄 수 있다. 움직여서 습기로 인한 열을 발산시켜야 상큼하고 시원한 기분을 느끼는 선순환으로 바꿀 수 있다. 몸을 움직여서 땀을 흘려본 경험이 없는 사람은 더운 날씨에 땀을 흘리는 사람을 지켜보며 쓸데없는 일이라고 생각한다. 그 사이 자신의 몸과 마음이 습기에 짓눌려 욕동저하로 이어진다는 사실을 모른 채 말이다.

다른 마음과도 어울려야 한다

흔히 보약은 맛이 쓰다[苦味]고 하지만, 단맛도 있고 신맛 [酸味], 매운맛[辛味], 짠맛[鹹味]인 오미(五味)가 다 있다. 왜 몸에 좋은 것은 모두 쓰다고 할까? 쓴맛의 보약은 몸에 열이 있는 사람에게 약이지만, 쓰다는 말은 약 맛만 뜻하지 않는다. 흔히 사람을 망치는 일은 달콤한 유혹으로 표현하고, 당장 하기 싫은 일은 쓰다거나 괴롭다고 표현한다.

이런 이치를 친구 관계에도 적용해 본다면 자신에게 좋은 친구는 쓴맛이 날 것이다. 왜냐하면 자신과 마음이 잘 통하거나 자신을 잘 대해주는 사람은 단맛처럼 느껴져 사귀기 쉽지만, 마음에 들지 않거나 이유도 없이 느낌조차 싫은 사람은 쓴맛이 느껴져 사귈 엄두조차 내지 못하기 때문이다.

단맛 나는 친구는 당장의 편함을 줄지 모른다. 그러나 자신의 단점을 고칠 기회를 줄 수 없으므로 결코 보약이 될 수 없다. 왜냐하면 체질이 비슷한 친구는 당장 친해지기 쉽고 장점이 서로 어우러져 함께 일할 때는 좋지만, 단점이 부딪히면 무리한 사태를 초래하기 때문이다. 예를 들어 욕심 많은 체질들이 서로 자신의 잇속을 챙기면 다른 사람에게 피해를 주게 되고, 내성적인 사람끼리만 친해지면 이웃과 함께 더불어 사는 정을 잃어버린다. 외향적인 사람들끼리 모이면 외향적인 성격이 지나쳐 주변인의 사정을 고려하지 않고 자신의 기분에 따라 행동하여 피해를 주기 쉽다. 이처럼 친구를 사귀거나 조직의 인사 관리를 할 때도 체질을 고려하면 좋다.

사상인(四象人)은 모든 사람이 본성에 따라 체질이 결정되고 체질에 따라 성격이나 행동이 달라지며, 이러한 차이가 편향성을 가지는데 정도가 심할수록 질병을 초래하고 질병의 양상도 일정한 경향성을 띤다고 본다.

따라서 같은 체질끼리 만날 경우 서로의 장점이 작용하는 만큼 단점도 작용하므로 단점이 상승작용을 하면 다른 사람에게 피해를 줄 뿐만 아니라 자신들의 체질에 따른 병도 얻을 수 있다. '끼리끼리 어울린다'는 표현이 부정적인 이유도 이 때문이었으리라.

체질적 건강을 생각한다면 자신과 어울리지 않는 사람을 가까이하려고 노력할 필요가 있고, 정 가까이 지내기가 어렵다면 그 사람의 장점을 파악하여 그를 닮아가려 노력해야 한다. 예를 들어 욕심 많은 사람은 욕심이 없는 사람을, 내성적인 사람은 외향적인 사람의 장점을 배우려 노력하면 오랜 시간이 흐른 뒤 자신도 모르게 변한 자신을 보게 될 것이다. 그리고 이때의 자신은 분명 보약이 필요 없고 어떠한 사람들과도 어울릴 수 있는 건전한 정신의 도(道)를 통한 사람이 되어 있을지 모르겠다.

4.

큰병은 어쩌면 팔자다

'대병(大病)은 팔자소관이고 소병(小病)은 관리 소홀'이란 말이 있다. 어느 날 갑자기 치료가 어려운 큰 병은 팔자(八字)로 타고 나고, 의사의 처방으로 치료되는 사소한 병은 평소 생활에서 자기관리를 소홀히 하여 생긴다는 뜻이다.

팔자는 사주팔자(四柱八字)로 인생을 결정짓는 년, 월, 일, 시인 네 기둥과 계산에 쓰는 10간(干) 12지(支) 조합인 갑자(甲子), 을축(乙丑)하는 간지 여덟 글자를 뜻한다. 물론 질병을 사주팔자로 해석하는 주장은 납득하기 어려워 보일 수도 있다. 현대에는 과학기술의 발달로 현미경을 통해 눈에 보이지 않는 조직을 검사하고 질병을 진단하며, 새로운 유전형에 적합한 맞춤치료를 하기 때문이다.

요즘도 명리학(命理學)에 조예가 깊은 원로 한의사는 사주팔자를 반드시 물어보고 환자에게 처방을 내리거나, 환자를 직접 보지도 않고 생년월일시만 참고해서 그 환자가 평소 어떤 증상이 자주 나타나는지를 지적해 낸다.

사주만으로 어떤 상태인지 짐작하는 것이다.

사주를 보고 병을 알아내는 원리는 간단한 이치에서 출발한다. 우리 인체의 생리 상태를 유지하는 데 중요한 오장(五臟)은 오행(五行) 원리로 설정된 개념이다. 어떤 사람의 사주를 분석하여 지나치게 많거나 적은 오행이 있으면 거기에 해당하는 장부(臟腑)에 이상이 생긴다고 보는 원리이다. 예를 들어 팔자에 화(火)가 지나치게 많거나[과(過)] 적으면[불급(不及)] 심장 질환, 목(木)의 과불급(過不及)이면 간 질환, 토(土)의 과불급이면 비위(脾胃) 질환, 금(金)의 과불급이면 폐 질환, 수(水)의 과불급이면 신(腎) 질환이 생긴다고 본다. 사주에 따라 반드시 100% 그 병에 걸린다가 아니라 확률이 높다는 의미로 해석한다.

이런 간단한 이치의 근거는 무엇일까? 여러 가지 추론이 있지만 자연변화에 영향을 받는 모든 동식물이 기후 변화가 일어나는 계절의 영향을 받는다는 근거에서 출발한다. 봄, 여름, 가을, 겨울 제철 과일은 그 계절에 필요한 과일이며, 그 계절에 생존이 가능한 형태를 갖추고 있다. 예를 들어 여름에 나는 과일은 대부분 겉은 단단하지만 수분이 많고, 겨울을 나는 곡물은 모두 추운 계절을 이겨내는 성질이 있다. 이처럼 사람도 태어난 계절 기후의 영향에서 완전히 동떨어진 몸이 아니라는 전제로부터 사주팔자와 그 사람의 몸 상태를 관련짓는다. 심지어 정신적 혹은 심리적 상태 또한 몸의 영향을 받으므로 타고 난 성격도 사주와 무관하지 않다고 본다.

한의학에서는 편벽된 성격이나 기질이 오랜 시간 쌓인 결과를 병으로 본다. 특히 치료가 어려운 고질병은 대부분 성격과 기질에 있고, 그 바탕은 태어나면서 결정된다고 보기에 사주팔자로 추론하는 것이다.

유전자를 사주팔자와 연결시킨다는 점에서 의학적인 인과 관계를 밝히는 것은 어려워 보일 수도 있지만, 질병을 예방하는 지표로는 활용할 가치가 있다. 병을 팔자타령 하지 말고 스스로 성격이나 기질이 편벽되지 않도록 노력하는 습관과 관련된 지혜가 담겨있기 때문이다.

5.

집착하지 말고 비워라

새로운 대통령이 취임하면 임기를 다한 대통령은 다시 평범한 국민으로 돌아간다. 모든 관직은 영원하지 않고 결국 자연인으로서 한 개인만이 영원하다. 우리는 직책을 맡았던 분들이 자리에서 물러나도 한동안 당시 직책으로 호칭하는 풍습이 있다. 예를 들어 '국장'에서 물러나도 '국장님', '총장'에서 물러나도 '총장님', '대통령'에서 물러나도 '전직 대통령' 지금은 사라진 호칭이지만 '각하' 등으로 부르면서 자리에서 물러난 분들을 이렇게 부르는 예의가 있다. 정치권력에서 물러난 이들의 영향력이 남아있기 때문에 그렇게 부르겠지만, 정신의학적으로는 배려의 측면으로 볼 수 있다.

아무리 자리 욕심이 없고 마음을 비운 사람이라 하더라도 어떤 자리에서 물러난 뒤 그 자리에서 누리던 것을 하루아침에 누릴 수 없게 될 때 상실감은 이루 말할 수 없다. 단지 정도의 차이만이 있을 뿐이다. 높은 자리에 있을수록 허전한 마음도 클 수밖에 없다. 기존의 생활로 자연스럽게 복귀할 때까지 서서히 적응하도록 배려한다는 측면에서 호칭 유지는 정신건강에 도움이 된다. 권력뿐 아니라 재력도 마찬가지다. 부유한 사람이 갑자기 가난해지면 정신적으로 큰 병이 올 수 있다. 일찍이 『황제내경(黃帝內經)』에서 "귀(貴)함을 맛본 뒤 천(賤)하게 되면 탈영(脫營)이 되고, 부(富)를 맛본 뒤 빈(貧)하게 되면 실정(失精)이 되는데, 비록 외부의 사기(邪氣)가 침범하지 않더라도 병이 안으로부터 생기게 된다."라고 하였다. 바로 귀한 신분에 있던 사람이 갑자기 지위를 잃게 되면서 정신적 충격을 입게 되거나 갈등이 발생하고, 재력이 풍족하던 사람이 재산을 탕진하거나 졸지에 재산상 손실을 보고 가난해지면 실망과 후회 등으로 정신적인 문제가 생김을 지적한 것이다.

탈영, 실정의 상태가 되면 기혈(氣血)과 정력(精力)이 모두 손상된 상태이므로 생기가 없고, 매사에 의욕을 잃게 된다. 피로감, 권태감이 심해지고 식욕도 떨어진다. 소식(少食)이 지나쳐 몸도 수척해지고, 병이 오래가면 기력이 쇠약해져서 외형이 초췌해지고 오한(惡寒)을 느끼거나 때로는 놀라고 불안해서 잠도 제대로 이루지 못한다. 심한 경우 아무런 이유 없이 사지가 무력하고 굴신(屈伸)이 불편하게 되는 증상이 나타나게 된다고 보았다.

정신 치료는 심리적 안정 외에도 약물요법을 함께 사용해야 한다. 신경안정제가 아니라 기혈(氣血)을 보(補)하면서 마음을 안정시키고 불필요한 화(火)를 꺼주며 억눌리고 뭉쳐있는 기운을 풀어주는 약으로 치료한다. 이러한 치료 원칙은 지금까지도 효과적이다.

일확천금을 꿈꾸며 주식이나 비트코인 등에 투자했다가 실패하는 사람이나 자신이 감당할 수 없을 정도의 로또 당첨금을 받게 되는 사람도 정신질환을 주의해야 한다. 있던 것이 갑자기 없어지거나 많은 것이 갑자기 사라져서 병이 되거나, 없던 것이 갑자기 생기는 경우도 정신질환을 경계해야 한다.

정신건강을 배려하는 전직 호칭의 미덕은 분명 지혜로운 신경정신과적 의의가 있다. 하지만 이러한 호칭 문화는 정신의학적 가치만으로도 충분하다. 이제는 한때 누렸던 권력이나 재력에 대한 미련이 스스로 병을 만들고 민주적인 권력 질서를 흔들 수도 있다는 사실을 생각해야 한다. 주변에 정치나 자본의 권력 맛을 보고 원래 자리로 돌아오지 못하는 낭인들이 많기 때문이다.

공유 :

몸은 천천히, 마음은 느긋하게

커넥톰(Connectome) 뉴런의 연결망

　정신의학의 역사는 오래되지 않았다. 19세기 들어 정신병원을 설립하고 정신병도 치료 개념으로 접근하기 전까지 정신질환자들은 감금이나 격리처럼 비인간적이고 잔혹한 방법으로 고통을 받았다. 20세기 들어 정신 치료에 향정신성 약물이 도입되고, 1960년대 중반부터 정신

병원 입원환자들도 사회로 복귀하여 정신보건센터에서 치료받는 시스템이 정립되었다.[2]

대한민국의 자살률 세계 1위와 마약 중독으로 인한 미국 내 사망률 증가 등은 모두 정신건강에 문제가 있음을 보여주는 지표다. 이러한 문제는 삶의 의미를 잃게 하고 죽음에 이르게 하거나 수명에 심각한 영향을 미친다. 비참하거나 불행하다는 생각은 암이나 심장병만큼 확실히 신체 건강을 망치고, 행복하지 않은 장수는 노년기 삶의 가치를 떨어뜨린다. 정서 건강은 나이가 많을수록 위험성이 높은데, 외로움을 느끼기만 해도 사망 위험이 커지기 때문이다. 건강한 정서는 나이와 상관없이 신체 건강의 뿌리가 되고 행복한 삶의 바탕이 된다.

뇌과학(neuroscience)이 발달하면서 심장에 있던 따뜻한 마음이 뇌로 옮겨 가버렸다. 뇌를 해부하듯이 마음도 의식, 인지, 기억, 감정 등으로 분리되었고, CCTV처럼 실시간으로 어느 부위에서 작동하는지를 살펴볼 수 있게 되었다.[3] 동물과 구분하는 인간다움의 상징인 정신이나 영혼도 몸과 분리된 채 허공에 매달린 신세가 되었다. 우리가 관찰하고 상상하는 모든 일이 뇌에서 일어난다면 신이나 우주[4]도 뇌를 통해 해석하고, 행복도 뇌과학으로 설명할 수 있는 날이 올 것이다.[5]

860억 개 뉴런(neuron)으로 구성된 뇌는 약 100조개 시냅스(synapse)에서 100가지 이상의 신경전달물질(neurotransmitter)을 주고받으며 전기적, 화학적 신호로 정보를 전달하고 조절한다. 약 1,000억 개 신경아교세포(glial cell)의 신경 연결에 대한 사실이 최근에 알려질 정도로 뇌는 여전히 미지의 영역이다. 감정, 기억, 꿈은 말할 것도 없이 예술과 문화, 자본과 전쟁, 인류가 일으키는 모든 문제가 뇌 활동 결과임을 생각하면 뇌 연구는 학문의 종착지이다.

전쟁이나 사고로부터 생명을 구하고 전염병과 위생 문제를 해결하였지만, 평균 수명이 늘어난 현대인들에게 삶은 질적 문제가 되었다. 마음의 고통을 마냥 참고만 살았던 시절과 달리 진통제나 마취제로 통증을 조절하듯이 정신적인 문제도 치료되길 원한다. 명상(冥想; meditation)에 관심이 높아지는 이유도 마음의 고통 때문이다.

하심(下心)! '마음 내려놓기', '마음 다스리기', '마음 챙김(mindfulness)', '욕심 버리기', '아집 버리기', '자아 비우기'부터 단순히 감정 조절이나 정서 관리를 위한 각종 학습, 훈련, 수련, 수행, 수양법이 유행이다.

마음은 머리[6]의 뇌 작용이지만, 고대인과 마찬가지로 가슴이나 심장의 따스함과 연결하는 까닭은 외부 자극이나 생각으로 일어나는 생리 반응이 신경[7]계로 연결되어 직접적으로 느껴지기 때문이다. 뇌과학이 비록 과학적 근거로 개념을 제한하는 문제가 있지만, '마음 다스리기'를 위해 뇌과학 용어를 이해하면 좋다.

뇌는 외부의 자극이나 상황을 인식(認識, perception)[8]한 정보를 바탕으로 의식(意識)[9]이나 무의식적 생리 반응(physiological response) 혹은 행동(behavioral expression)을 조절한다. 특히, 인간의 뇌는 외부(external) 세계(object)와 내부(internal) 자신(self, ego)을 구분하여 스스로 알아차리[자각(自覺)]는 인지(cognition) 작용을 하고, 주의(attention), 경험(experience), 학습(learning), 기억(memory) 등으로 말이나 문자로 개념화시키는 지적 활동을 한다.

여전히 미지의 세계인 마음을 뇌과학으로 밝혀진 개념으로 이해하고 훈련을 통해 관리가 가능한 시대가 되었다.

신체적 질병만큼 정신건강이 삶의 질에 미치는 영향이 크다. 의사들이 정신장애진단통계편람(DSM-5; Diagnostic and Statistical Manual Disorders)에 따라 심리 증상을 근거로 정신 건강 문제를 체계적으로 분류하지만 진단 범주가 명확하지 않은 실정이다. 또한 정신건강 문제는 정서 형성이나 인생사와 관련되어 있어 개인차가 심하다. 이 때문에 정신 문제는 신체 질병처럼 진단이 바로 치료로 이어지지 않는 한계가 있다.

정서 건강은 감정 조절과 인간관계 관리와 연관되어

있어서 행복한 삶을 살아가는 데 훨씬 심각한 문제를 일으킨다. 따라서 정서 관리는 잠재적 문제를 조기에 파악하여 개인에게 맞는 방법으로 장기간에 걸쳐 대처할 필요가 있다. 우울증이나 만성 불안과 같은 정신건강 문제를 예방하면 전반적인 건강에 기여할 수 있다.

정신이나 정서는 여전히 신체보다 관찰이 쉽지 않고 객관적 진단이 어렵기 때문에 자기 스스로 변화를 알아차리고 관리하는 개인적 관심과 노력이 중요하다.[10] 유전 질환만큼 정신질환 역시 개인만의 병이라고 볼 수 없다. 부모의 불안정한 정서가 자식들에게 내면화되어 정신질환으로 이어지기 때문이다. 자신의 관점을 고집하고, 심한 경우 완벽주의에 빠져 자기합리화 혹은 자기혐오를 하게 된 사람은 어린 시절 트라우마(trauma)나 양육 과정에서 받은 상처로 내면화된 문제를 지나칠 수 있다.[11]

일상에서 우울함이나 분노, 혐오나 불안의 정서를 스스로 알아차리고 훈련하면 개선이 가능하다. 정서생태학(emotional ecology)에서 제시하는 '관점 바꾸기(reframing)'는 닥친 상황을 다른 사람의 관점에서 바라보는 역지사지(易地思之)의 방법이다. 자신의 경험으로 만든 자기 왕국에서 벗어나는 식이다. 잘 나가던 경영자의 삶을 정리하고 인도로 건너간 스웨덴 스님이 자신의 스승으로부터 받은 간단한 화두 『내가 틀릴 수도 있습니다』[12]를 실천하는 일이다.

'정신일도하사불성(精神一到何事不成)'이나 '정신만 차리면 된다.'라는 구호가 아니라, 우리는 신체 생리 반응(physiological response)[13]을 통해 정서 상태를 체크할 수 있다. 정서 변화가 본능적으로 반응하게 만드는 상황임을 알아차리면 멈출 수 있다. 일단 Stop![14]

자극으로 유발된 무조건적 반사를 멈춘 뒤, 회피나 공격적 행동으로 이어지지 않도록 호흡을 천천히 하고 움직임을 멈추면 몸과 마음을 모두 안정시킬 수 있다. 감정적으로 흥분한 싸움을 말릴 때 일단 앉혀서 자세를 낮추고 숨을 고르게 하고,[15] 열을 식히도록 찬물을 권하는 것은 자율신경계(ANS)를 조절하는 과학적 방법이다.

나의 내면세계가 안정되어야 다른 사람이나 상황을 눈치[16]보지 않고 '있는 그대로' 살펴볼 수 있다. 생존의 유불리에 따른 본능적 반응을 멈추고 상대를 인정하고 이해하려는 소통이 가능해진다. 내면 소통이 이루어지면 타인과의 소통은 자연스레 이뤄진다.[17]

훈련은 통제나 성취가 아니라 꾸준한 노력이다. 올림픽 세계 최고 메달을 받은 선수들의 인터뷰 명언을 보면 '무한 반복된 시간'을 말한다.

'무슨 생각을 해. 그냥 하는 거지! (김연아 선수)'

'이 순간에 몰입하고 싶은 마음뿐! (차준환 선수)'

'무아지경에 빠지면 바벨이 무겁지 않았다! (장미란 선수)'

하나같이 몸으로 실천하는 수행(修行)이자 공들여 닦아 스스로 빛이 나는 수양(修養)이다.

마음이 '지금 이 순간'에 집중하지 못하고 지나간 과거에 머물러 후회하면 '집착'이 되고, 미래를 앞질러 예측하지 못하면 근거 없는 '불안'에 휩싸이게 된다. 자기 자신에 집중하지 못하고 스스로 존중하지 못하면 외부 상황이나 남들과 비교하게 되고 남을 탓하거나 핑계를 대기 쉽다. 혹은 '우울'에 빠지거나 '분노'에 휘둘리게 될 수도 있다. '지금' 이 순간에 집중하고, 정지된 듯 공간을 차지하고 있는 몸으로 '여기'를 알아차리는 훈련이 필요하다. 감정적 변화에 휘둘리는 '나'를 알아차리면, '나'를 무아지경의 몰입 상태로 접어들게 하여 그냥 살아가는 '나'로 바꿀 수 있다. 어느 순간 나의 평온함이 타인의 마음을 편안하게 할 만큼 내면적으로 성장하고, 함께 행복을 나누는 빛의 중심이 될 수 있을 것이다.

나는 진화하고 있는가? 생산적인 삶을 선택하고 있는가?

MOOMIN을 '걱정하지 말아요'의 무민(無悶)으로

2장

—

몸과 마음은
하나다

homo

Collectio Humanitatis pro Sanatione II

나눔 :

마음 붙일 곳은 내 몸이다

　마음을 분리한 채 실체가 없는 '나'로 살다가, 문득 '나는 누구인지?', '나의 몸과 나는 어떤 관계인지?'를 묻는 순간이 찾아온다. 인간관계가 힘들어져야 비로소 '나'를 찾게 되는 것이다. 스트레스 해소를 위해 '마음 다스리기[?]', '마음을 내려놓기[下心]', '자기 알아차리기'가 유행하지만, 내 몸과 분리된 '마음 되돌려 놓기'로 귀결된다. 붙일 곳 없이 방황하는 마음이 의지할 곳은 결국 몸이다. 몸과 일치된 마음! 마음과 함께하는 몸! 온전히 합일된 전일(全一)의 상태로 되돌려 놓기가 필요하다. 원래 몸과 마음은 하나이고, 몸을 떠난 마음은 죽은 영혼일 뿐이다. 이제 마음으로 몸을 움직이고, 몸으로 마음을 단련[18]시켜야 한다. 건강한 육체에 건강한 정신이 깃들 수 있다.

　이성적 인간으로 살면서 잃어버린 마음을 다시 몸으로 되돌려 놓고, 몸과 마음의 동시성을 회복하고 균형과 조화를 이루어야 한다. 몸과 마음을 오롯이 하나로 합치면,

2장 인간에 대한 통찰

053

스트레스뿐 아니라 만성통증이나 만성질환이 치료되고 암이 완치되는 기적도 일어난다. 암을 진단받았을지라도 두려움에 떨지 않고 삶의 방식을 되돌아보며, 자연으로 돌아가 몸과 마음의 완전한 합일을 회복하면 치료될 수 있다. 암(cancer)을 '앎(awareness)'으로 바꾸는 것이다.

부모로부터 받는 몸은 바탕이다. 허리가 꼿꼿하거나 배가 나오는 바탕을 바꾸기 어렵지만, 타고난 체질을 온전하게 사용하는 방법은 간단하다. 자신의 몸과 마음의 약점이 덧나지 않도록 다루고, 몸과 마음의 조화와 균형을 유지하면 된다. 구체적인 방법은 제대로 움직이고, 제대로 먹고, 제대로 자며, 마음 챙기는 습관을 들이는 것이다. 애간장 녹을 정도로 마음 쓰거나 녹초가 되도록 몸이 혹사당하지 않게 지나치지도 부족하지도 않은 범위를 지켜야 한다. 알기도 어렵지만 알더라도 실천이 어려우니 수행하듯 꾸준한 유지가 중요하다.

몸을 해부하면 기계 부품처럼 분리되고, 마음은 뇌에서 작용한다는 이론이 등장하면서 몸과 마음이 분리되었다. 기억에 대한 실험으로 뇌를 해부하면서, 동물과 다른 '정신'이나 '영혼'은 몸과 차원을 달리하게 되었다. 그래서 한의학 고전의 '간장혼(肝藏魂), 간주노(肝主怒)'를 이해하기

어렵다. 기쁘거나 웃을 때 심박이 빨라지고 가슴이 두근
거림을 직접 느끼면서도 심장이 신(神)이나 혼(魂)을 저장
하고, 웃음을 주관한다는 이론은 낯설다. 고전의 해부 기
록이 있음에도 뇌를 오장육부의 예외로 취급하고, 혈액
을 저장하듯 정신과 감정이 장부에 깃들어 있다는 해석
은 차원이 다르다.

2장의 주제는 장수의 표상, 제대로 먹기, 공들여 움직
이기, 제대로 잠자기, 시스템적 관찰이다. 내 몸인 정(精)
은 신(腎)에 저장된 생명의 에센스(essence)이다. 정(精)을 충
실히 타고났는지는 귀를 보면 알 수 있고, 정이 약할 때
면 신(腎)을 닮은 (검은)콩을 먹어야 한다. 검은콩을 먹고 머
리카락이 새로 나거나 까만 윤기가 흐르는 효과는 덤이
다. 고탄(수화물)저지(방)식이나 (간헐적)단식보다 체질식이 중
요하다. 몸의 움직임은 꾸준한 공(功)이 필요하다. 앓아서
눕기 전까지 장수인처럼 부지런히 2~3일에 하루는 움직
여야 한다. 경락이나 신경으로 연결되었기에 눈이 아플
때도 전신을 살피고 감정 상태도 살펴야 한다. 잠을 잘
때 기억을 정리하고 창의적인 작업을 할 수 있도록 빨리
잠들고 꿈도 꾸지 않는 깊은 잠을 자야 맑은 아침을 맞을
수 있다.

2천 년이나 지난 건강 비결은 여전히 유효하다. 몸이

지구를 떠나지 않는 이상 음양으로 낮과 밤을 설명한 원리에 맞추어야 한다. 꽃이 활짝 피면 이미 화려함의 끝이라는 경험을 통해, 한여름 무더위에 가을을 대비하고 새벽이 동터올 때 하루를 준비해야 한다.

어떤 사람이 장수할까?

흔히 부처님 귀처럼 아래로 길고 귓불이 두터운 사람은 장수한다는데, 과연 그럴까?

한의학에서 귀는 오장(五臟)의 신(腎)과 연관이 있다. 『황제내경(黃帝內經)』에서 '신개규어이(腎開竅於耳)'라 하여 신 기능은 외부 이목구비(耳目口鼻)에서 귀와 연관시키고, 귓병이 생기면 신기능을 확인한다. 신(腎)은 정(精)을 저장하는데 정은 생명을 탄생시키는 원천으로 생명력의 원천이다. 정은 오장에 골고루 저장되면서 각각의 쓰임에 따라 기(氣), 혈(血), 신(神), 영(營)으로 작용하는데 오장의 진수가 모두 정에서 비롯되고 정이 부족해지면 생명을 유지하거나 다른 장부를 영양하는 기능이 부족해지는 원천이므로 가장 중요하다. 정은 수곡지정(水穀之精) 즉 먹고 마시는 음식으로부터 만들어지며 깊숙한 곳에서 비축하는 능력을 지닌 신(腎)이 이를 저장한다.

옛사람들은 동식물의 공통된 원리로 동물의 생식에 필

요한 정(精)과 식물의 씨앗을 동일시하였다. 그래서 잣, 콩 등 씨앗으로 먹는 음식은 그 식물의 에센스(essence)로 새로운 싹을 틔우는 정(精)으로 보았다. 정이 씨앗으로 만든 죽(粥)과 유사한 점도 같은 원리로 파악하는 근거가 된다. 씨앗이 싱싱하고 좋으면 새로운 싹도 건실하듯 사람의 정도 마찬가지로 보아 새로운 생명을 잉태할 때 깨끗한 몸과 마음가짐을 강조하였다.

예로부터 의학자들은 생명 혹은 생명력의 원천을 정으로 보았고, 그래서 이들의 관심사는 이를 어떻게 하면 잘 보존하고 많이 만들 수 있는지에 관한 것이었다. 음(陰)을 도와야 정(精)이 풍족해지고 생명력이 넘친다고 주장한 학파와 양(陽)이 있어야 정(精)이 제대로 작용을 하므로 양을 도와야 한다고 주장한 학파 사이의 논쟁이 있었다. 정(精)은 태어날 때 가지고 나는 선천의 정(精)이 중요하다는 주장과 태어난 뒤 섭생으로 유지할 수 있는 후천의 정이 중요하다는 주장이 맞서기도 하였다. 선천의 정은 신(腎)과 연관이 있고, 후천의 정(精)은 비위와 연관이 있다. 그만큼 정(精)은 생명력에서 중요하게 여겨졌다.

장수와 귀의 관계는 바로 생명력에 가장 중요한 정이 신과 연관되고 신은 귀와 연관되는 관계로 설명한다. 그러므로 귓병이 생길 때 신(腎) 기능을 살피는 이유는 정(精)이 부족한지를 알아보고자 하기 때문이다. 귀가 어둡게 되거나 소리가 잘 들리지 않고 귀에서 소리가 나는 등의 증상이 있으면 대부분 신(腎) 기능 이상을 살핀다. 연세가 들면 생식능력이 떨어지고 동시에 정(精)이 부족하게 되면 귀가 잘 들리지 않게 되기 때문이다.

이러한 관계가 있다 하더라도 귀가 크다고 장수를 장담하진 못한다. 사망률이 가장 높은 교통사고는 귀 크기와 관련 없고, 정(精) 부족을 유발하는 스트레스, 음란물, 전자파, 인스턴트식품 등 다른 요인들이 큰 귀와 연관된 신(腎) 기능을 제대로 유지하기 어렵게 만들기 때문이다. 예전처럼 귀 큰 사람이 오래 살 수 있으려면 좋은 환경과 사회안전망 확보가 먼저 만들어져야 한다.

2.

내 방식대로 체질 유지하기

최근 노화와 관련한 프로그램에서 소식(小食)과 이식(二食)이 화제이다. 이식(二食)은 근거에 논란이 있지만 아침을 거른 하루 두 끼가 좋다는 것이다.

소식은 적은 양의 식사인데 영양과잉인 현대인들에게 과식(過食)을 경계하자는 의미로 받아들여야 한다. 소식 때문에 자신의 신체 조건과 관계없이 영양이 부족할 정도로 적은 양을 먹거나 허기가 생길 정도로 먹지 않으면 장수는 물론이고 건강한 삶을 기대하기 어렵다.

평소 세 끼에 익숙한 사람이 건강을 위하여 혹은 비만을 비롯한 병 치료 목적으로 갑작스레 끼니를 줄이면 자신도 모르게 과식이나 폭식으로 오히려 비위를 상하게 할 수 있다.

바른 식습관은 양적 문제로만 볼 수 없다. 소식보다 바른 식습관인 정식(正食)이 중요하다. 『황제내경(黃帝內經)』에 음식과 관련하여 식사량 외에 음식의 맛, 온도도 중요함을 제시하였고, 많은 의학자들이 규칙성, 분위기 등에 대하여 제안하였다.

신체의 정기(精氣)가 음식으로부터 만들어지지만, 음식으로 인해 비위(脾胃)가 상할 수 있기에 식사를 적정량으로 조절해야 함을 지적하였고, 당(唐)나라 손사막(孫思邈)은 '배고픈 듯 할 때 먹고 배부른 듯 할 때 그치라'고 하여 정시에 일정량을 유지하여 과식하지 말라고 하였다.

음식 맛과 관련하여 신맛, 쓴맛, 단맛, 매운맛, 짠맛의 오미(五味)가 지나치면 오장(五臟)을 상하게 하므로 강한 맛을 피하고 담담(淡淡)한 맛을 권하였다. 음식이 어느 한 맛에 편중되지 않아야 함을 강조한 것이다. 음식 온도와 관련하여 비위가 허약하고 찬 사람은 찬 음식이나 과일 등을 즐기면 비위의 양기(陽氣)를 손상시켜 오심, 구토, 설사가 나타날 수 있고 여성의 경우 월경불순, 월경통 등이 생긴다고 하였다. 그래서 먹고 마시는 것은 뜨거워도 데이지 않아야 하고 차더라도 얼얼하지 않아야 한다고 하였다.

요기(療飢)는 허기를 면한다는 뜻으로 아침에 일어나 시작하는 한 끼는 최소한 허기(虛氣)를 면해야 함을 말한다. 왜냐하면 허기를 오래 두면 비위를 상하게 하여 신경성 식욕부진증과 같은 현대병이 생기기 때문이다. 저녁은 가능하면 해 질 무렵이 좋다고 하였다. 왜냐하면 식사 후

소화가 충분히 된 다음 잠자리에 들어야 하기 때문이다.

한의학에서는 치료보다 예방을 중시하였기 때문에 병은 음식으로 마무리해야 한다거나, 약보(藥補)가 식보(食補)만 못하다는 말을 한다. 그만큼 음식으로 인한 치료와 예방의 몫이 중요함을 강조하였다. 자신에게 적합하지 않은 소식(小食) 유행에 자신을 시험하여 몸을 망치는 일은 없어야 한다. 잘못된 판단이 몸을 망치는 경우가 더 많다.

양생(養生)법에서는 계절 기후변화에 대한 적응, 적절한 감정 변화, 편안한 거처, 절제된 성생활을 고루 강조하였다. 음식보다 더욱 중요한 요소가 많다는 사실을 알고 균형 있는 생활을 해야 한다. 장수 노인들은 유행을 따르지 않고 한결같이 자신만의 균형을 스스로 지켰음을 알아야 한다. 자신의 방식대로 자신의 체질을 유지하는 것이 장수의 비결이다.

기공수련 - 공을 들이는 운동

기공(氣功)은 '기에 공을 들인다'는 말이다. 기는 자연의 기운과 자신의 기운이며, 공을 들인다는 것은 끊임없이 조심스럽게 노력하여 기운을 간직하고 증강시킨다는 뜻이다. 기공은 기운을 공들여 조절함으로써 체내의 기운을 증강해 자신의 질병을 없애고 몸과 마음을 튼튼히 하여 건강 장수하는 평생 공부를 말한다.

기공이 중국에서만 발달한 것처럼 생각하는데, 우리나라에서도 그 흔적을 찾아볼 수 있다. 신라시대 선도(仙道)로부터 유래하여 국선(國仙)으로 발전하였고, 도가(道家)의 영향을 받으며 내단전(內丹田)을 수련하는 단학(丹學)이 주류를 이루어 최근에 단학선원, 국선도 등으로 발전하였다. 이러한 명맥은 우리 일상생활에도 전해져 왔다. 어린 시절 할머니들이 배 아플 때 '내 손이 약손이다.'라고 말하며 배를 쓰다듬어 주던 것도 기운을 모으는 방법 중 하나이며, 승무(僧舞)나 처용무(處容舞) 등도 기공의 한 유형이다.

기공은 신비롭거나 특별한 것이 아니라 일상에서 쉽게 응용할 수 있다. 다만 꾸준한 실천이 어려워 '공을 들인다'고 했는지 모른다.

기공은 수련 방법에 따라 정공(靜功)과 동공(動功)으로 나뉘는데, 정공은 움직임이 없이 흔히 앉아서 수련하는 방법으로 주로 호흡과 정신 수양에 치중하고, 동공은 무술이나 무용 등 동작을 통하여 호흡을 조절하면서 신체 단련에 치중하는 방법이다. 수련 방법은 본인의 신체 상태에 따라 달라진다. 예를 들어 노인이나 체력이 약한 사람은 정공으로 수련하는 편이 좋고, 젊은 사람은 동공에서 자신의 취향이나 꾸준히 실천하기 쉬운 수련 방법을 선택하는 편이 좋다. 꾸준히 실천해야 기공 수련의 효과를 맛볼 수 있다.

기공 수련에서 대주천(大周天), 소주천(小周天)하는 주천은 무슨 뜻일까? 주천은 경락을 통하여 전신의 기운이 아래위로 순환하는 것을 말한다. 머리와 몸통 부위에 국한된 소통이 소주천이고, 팔다리를 포함한 전신 소통이 대주천이다. 주천으로 전신의 기운을 돌리는 목적은 바로 수승화강(水升火降) 원리에 맞게 몸을 만드는 것이다. 수승화강은 물이 올라가고 불이 내려간다는 뜻이 아니라 '물과 같이 찬 기운은 올려야 하고 불과 같이 뜨거운 기운은 내려야 한다'는 뜻이다. 옛날 어른들의 말씀처럼 '머리는 차

갑게, 아랫배는 따뜻하게' 하라는 건강 비결이 숨어있는 개념이다. 옛 성인들은 수련을 통해 단전(丹田) 아래에 따뜻한 기운을 만들고 서늘한 찬 기운은 머리로 보냄으로써 건강을 유지하고 질병을 예방하였다.

손쉽게 기운을 소통시키는 세 가지 목 운동이 있다. 각각 목, 손목, 발목 운동이다. 가장 간단한 운동이 손목 운동이다. 손목에는 가슴에서 손으로 혹은 손에서 머리로 흐르는 경락이 있어서 손목 운동을 하면 머리가 맑아지고 심폐 기능이 원활해진다. 손목 운동은 ①손목 돌리기 ②앞뒤로 흔들기 ③손뼉치기이다. 잠자리에서 일어나자마자 2~3분 동안 손목 운동을 하면 잠이 쉽게 깨며, 노곤할 때 몸을 가뿐하게 한다. 손목 운동과 함께 발목 운동도 겸하면 훨씬 좋다. 발목에는 머리에서 척추를 따라 내려오는 경락과 발에서 배 쪽으로 흐르는 경락이 있기 때문에 머리가 맑아지고 장 운동이 활발해진다. 특히 눈이 피곤하거나 장이 불편한 사람들에게 좋다. 발목 운동은 ①발가락 문지르기 ②발목 돌리기 ③발목 앞뒤로 젖히기인데, 잠자리에서 2~3분 동안 하면 좋다. 기공 수련은 직접 꾸준히 실천해 본 사람만 그 맛을 알 수 있고 특별한 효과도 체험할 수 있다. 매일 꾸준히 수련하면 어느 날 신선 세계에 있는 자신을 보게 될지도 모른다.

4.

몸에도 네트워크가 있다

흔히 눈이 아프면 안과에 간다. 당연한 일이지만 한의학에서는 눈이 아프다고 눈만 들여다보지 않기에 양의학과 관점이 다르다. 양의학은 분과별로 환자를 분류하기때문에 우리 몸을 하나하나 나누어 진료하지만, 한의학은 우리 몸의 부분은 모두 전신과 밀접하게 연관시켜 마치 홀로그램처럼 우리 몸을 본다.

눈은 외부의 모든 사물을 빛을 통해 받아들이는 감각기관이다. 고대 한자에서 눈은 그 모양을 근거로 일(一)로상징하고, 생명의 근원과 연관하여 신(神)으로 설명하였다. 상대방의 모든 것을 눈을 통해 알 수 있다고 한 것도눈에는 그 사람의 모든 생명력이 투영되어 있다고 보았기 때문이다. 그래서 예전부터 상대방의 기(氣)를 꺾으려면 상대방의 눈을 노려보고, 특히 무술의 고수들은 눈만보아도 승패를 가늠할 수 있다고 하였다. 한의학에서 눈에도 신체 내 오장(五臟)의 상태가 반영된다고 보고 부위별로 오장과 짝을 지어 그 부위의 이상에 따라 눈뿐만 아니라 신체 깊숙한 장부 상태도 파악한다. 눈이 아프다고 눈만 보는 것은 국소적인 접근이며, 눈을 통해서 전신 상태를 파악하는 접근은 시스템적 관찰 방법이다.

눈은 오장에서 간(肝)과 연관되고 또한 근육과도 연관된다. 눈이 아프면 간에 이상이 있는 것이고, 근육이 극도로 피로하면 간에 이상이 생기며 동시에 눈이 피곤하게 된다. 일상에서 흔히 경험하게 되듯이 몸살을 앓는 경우 아침에 일어나면 눈이 피곤하여 눈물이 마르고 빽빽하게 되고, 심하면 눈곱이 많이 생기고 눈이 충혈되기도 한다. 이런 증상이 모두 근육의 피로가 간에 영향을 미치고 동시에 눈에 반영된 것으로 본다.

한의사는 눈이 아프다고 눈만 보는 것이 아니라 간 이상이 있는지 지나친 근육 피로가 반영된 것인지를 살핀다. 홍채진단기도 이런 이론에 근거한 접근이다.

근육 피로로 인한 간 이상이 있을 때 내리는 처방이 쌍화탕(雙和湯)이다. 쌍화탕은 기(氣)와 혈(血) 두 가지를 모두 조화롭게 한다는 이름이다. 극심한 운동으로 기와 혈이 모두 부족해져서 피곤하게 된 경우 기와 혈을 모두 조화롭게 하는 처방이다. 쌍화탕을 양약과 함께 먹는 감기약으로 생각하는데 잘못된 상식이다.

쌍화탕은 기와 혈의 부족을 돕는 보약이므로 감기라도

허증(虛證)에 적합하다. 심한 운동 후에 찬바람을 맞았거나 찬물에 목욕한 뒤 걸린 감기 혹은 심한 운동 후 근육 피로로 인해 기운이 약해졌을 때 적합한 처방이다.

한약은 반드시 증(證)에 맞아야만 효과가 있고 증(證)에 맞지 않으면 부작용이 생기므로 한열허실(寒熱虛實)을 제대로 가려서 복용해야 한다.

눈병이 유행할 때 안과약으로 1주일 이상 효과가 없으면 눈만 보지 말고 근육 피로가 있는지, 간 이상이 있는지 또한 실증인지 허증인지 진단이 필요하다.

5.

잠만잘자도보약이나다름없다

　사람은 한평생의 상당한 시간을 잠으로 보낸다. 수련을 하는 특별한 이들은 잠을 소비적인 시간으로 생각하지만 보통 사람에게 잠은 중요하다. 잠은 하루 종일 쌓인 피로를 회복하는 수단이기 때문이다. 그런데 잠자리에 들어 일찍 잠에 들거나 깊고 편안하게 자는 것이 쉽지 않다. 특히 불면증을 가지고 있는 환자들이나, 병은 아니지만 연세가 들어 쉽게 잠들지 못하고 새벽에 빨리 깨는 경우는 더욱 그렇다.

　최근 수면에 대하여 연구한 일본의 한 교수는 목욕 후 취침한 경우와 목욕을 하지 않고 취침한 경우를 비교하였다. 그 결과 목욕을 한 참여자가 훨씬 쉽게 잠에 들었다고 한다. 평상시 자리에 누워 1시간 반쯤 지나서야 잠이 들던 사람이 목욕 후에는 20~30분 만에 잠들고, 잠들기까지 30분이 걸리던 사람은 5분 만에 잠이 들었다고 한다. 그 이유는 목욕 전후 체온 변화가 수면에 중요한 역할

069

을 했기 때문이다. 목욕 후 체온이 2도 이상 올라가면 신경이 흥분돼 숙면에 역효과가 나타난다. 그러나 체온이 0.5~1.0도 올라가도록 미지근한 물로 30분 정도 목욕하면 수면 초반에 깊은 잠을 잘 수 있다. 목욕 대신 체온이 약간 올라갈 정도로 샤워를 해도 숙면에 도움이 된다.

미국 펜실베이니아 주립 의과대학에 의하면 매일 밤잠을 불과 1~2시간만 덜 자도 낮에 졸음이 쏟아지고, 체내 호르몬 분비에 이상이 생겨 비만, 심장병 등 다양한 질병을 일으킬 위험이 커진다고 한다. 하버드대학에서는 밤잠뿐만 아니라 1시간 안팎의 낮잠이 학습 능력과 기억력을 높이는 데 유익하다는 연구 결과를 발표하였다. 오후 2시 이후 60분에서 90분간 낮잠을 자도록 한 학생들의 기억력이나 학습 능력이 시간이 지날수록 좋아졌다는 것이다.

이처럼 사람에게는 잠이 중요하며 잘 자는 잠은 더욱 그러하다. 또한 밤낮을 바꾸어 자는 잠 또한 건강에 좋을 수 없다. 밤낮 구분이 없는 생활을 하는 현대인들은 불 끄면 밤이고 불 켜면 낮인 세상에서 살아간다. 밤낮 구분이 모호한 생활은 주기에 따라 변해야 하는 생체리듬에 어긋나는 삶이다. 자연환경의 변화에 맞게 주기를 맞추어야 건강에 유익하다는 말이다.

한가위를 넘기고 가을이 깊어지면 낮은 자꾸 짧아지고

밤이 서서히 길어진다. 가을에는 여름보다 활동량을 줄이는 대신 잠을 길게 자야 한다. 한의학에서 잠이 잘 들지 않는 불면(不眠)이나 잠이 아예 들지 않는 실면(失眠) 그리고 잠을 자더라도 꿈을 많이 꾸는 다몽(多夢) 은 대부분 심(心) 기능 이상으로 본다. 수면에 이상이 있다면 보약으로 치료하기 전에 우선 밤낮 길이에 맞춰 일하고 제때 먹고 제때 활동하는지를 살펴야 한다. 밤늦은 운동이나 밤늦은 식사는 모두 병을 만드는 일이지 건강에 결코 보탬이 될 수 없다. 생활이 정상이라도 이러한 증상이 계속되면 신(神)이 안정되도록 심(心) 기능을 돕는 약물치료가 필요하다.

공유 :

몸은 마음의 터전이다

소마틱스(somatics)[19]를 접하면서 몸과 마음이 별개가 아님을 절감하였다. 해부생리학에 빠져 마음을 몸과 동떨어진 그 무엇으로 내버려두고 살았다. 몸과 마음이 찰나(刹那)와 같은 동시성으로 작용함에도, 몸을 수동적, 습관적, 무의식적으로 움직이고 있었다. 필라테스(Pilates)[20]와 펠든크라이스(Feldenkrais)[21] 세션은 '조금씩', '천천히' 움직이도록 하면서 감각을 알아차리게 하여 마음으로 몸을 움직이게 한다. 소마(soma)라는 표현은 몸(body)과 마음(mind)의 분리를 드러내는 슬로건이다. 몸[身]과 마음[心], 정신[靈]과 육체[肉] 그리고 감정도 장부와 연결되어 있다는 한의학 이론에 부합한다.

누워 지내던 아기가 중력을 이기고 일어설 때까지 학습은 움직임을 안정적으로 만든다. 움직임이 안정되면 무의식적으로 몸을 움직인다. 어느 순간 몸으로부터 '마음'을 분리시킨 채 '몸 따로, 마음 따로'가 되어 마음을 잃어버린 몸이 되어 버린다. 무의식적인 습관적 움직임이 누적되면 자신의 자세를 돌아보고 바로 잡을 기회를 잃을 뿐만 아니라 질병으로까지 이어진다. 내 몸에 마음을 집중시켜 습관적 움직임의 문제를 알아차리고, 의지를 가지고 노력해야 건강한 움직임을 회복할 수 있다.

바로 서 있는가? 바로 걷고 있는가? 바로 눕기는 되는가? 몸의 중심[zero, core, center]을 의식하고, 움직일 때도 중심을 유지해야 한다. 지구상 모든 물체가 중력에 영향을 받듯이 우리 몸도 마찬가지다. 중력을 이기고 일어서서 걷는 순간부터 바로 서고, 바로 걷기가 몸의 큰 과제가 된다.

'바로 서기'는 전후, 좌우, 상하가 기준이다. '바로 서기'는 두 다리 위 '골반'과 몸통 위에 있는 '머리'가 전후·좌우로 기울어지지 않는 상태이다. '거북목'은 머리가 중심에서 앞으로 기울어지고, 한쪽으로 체중을 싣는 '짝다리'는 중심이 좌우로 기울어진 문제다. 상하 중심은 발바닥이 전후·좌우를 고르게 땅을 디딘 상태로, 머리가 하늘에 닿을 듯 몸 전체를 가볍게 펴고 있는지를 보면 된다. 전신의 전후·좌우 어느 쪽으로도 지나치게 긴장되거나 이완된 부분이 없으면 상하 중심은 저절로 유지된다. '바로 서기'를 할 때 힘든 부분이 있으면 평소 그 부분에 힘을 빼고 있기 때문이므로 교정이 필요하다. 힘든 부분의 근력을 키우는 보완이 바로 교정이다.

발부터 발목, 무릎, 고관절, 허리에서 목까지 이어지는 척추, 머리까지 모두 마디로 연결되어 있어 각각 움직이므로 잘못된 자세로 중심을 잡기도 한다. 그래서 마음을 몸으로 되돌려 스스로 몸의 중심을 의식적으로 알아차려야 한다.[22] '바로 서기'에서 중심을 쉽게 점검하는 방법은 벽을 등지고 선 자세나 바닥에 누운 자세에서 접촉면을 확인하면 된다. 누운 상태는 발부터 머리까지 중력에 대응하여 바닥에 닿는 면적이 넓어지므로, 뒤꿈치~종아리~엉덩이~허리~등~어깨~뒤통수가 바닥에 얼마나 닿아 있는지 확인하기 쉽다. 누운 상태에서 뒤꿈치를 고정한 상태로 온몸이 줄로 연결된 것처럼 발이나 머리 쪽으로 천천히 움직이면서 긴장되거나 이완된 부분이 없도록 만들면 중심을 잡을 수 있다.[23] 누운 자세에서 중심이 잡히면, '바로 서기'의 중심 잡기도 쉽다. 다만 선 자세에서 가슴은 부풀려 위로 들고, 배는 등으로 붙여야 한다.

잘못된 자세로 서는 습관이 누적되면, 주요 관절이나 척추에 자세 문제로 인한 만성 통증이 나타난다. 요통이 생활습관병인 경우는 바로 오래된 습관으로 인한 중심이 흐트러진 자세가 근본 원인이다.[24] '바로 서기'에서 중심을 유지하면 '바로 걷기'[25]가 가능하고, 빠르게 걷거나 달리기로 운동 효과를 얻으려면 중심 이동을 위한 몸 기울이기, 다리 딛기, 팔 흔들기 등의 전문적인 지도[26]가 필요하다.

물구나무서기는 '바로 서기'를 위한 극적인 방법이다. 절대 기준인 하늘과 땅을 뒤집어 몸과 마음을 동시에 극적으로 반전시키는 데 효과적이다. 초보자부터 고급자 수준에 맞는 체계적인 훈련이 필요하다.[27] 생각을 바꾸기 어려울 때 몸을 뒤집으면, 습관적으로 바라보던 세상을 전혀 다른 국면으로 바꿀 수 있다. 중력에 맞서 거꾸로 서는 물구나무서기는 내가 지구를 들고 떠받치고 있는 자세이다. 마음으로 역지사지(易地思之)를 실천하기 어려울 때 몸으로 하면 쉽다. 여행이 마음을 힐링(healing)시키는 이유는 몸을 옮겨 마음을 새로운 국면으로 바꿔주기 때문이다. 입장 바꾸기보다 몸 옮기기가 훨씬 쉽다. 원래 심신은 통합되어 있기 때문이다.

몸은 살아있는 동안 마음을 담는 그릇이자 더 오래 건강하게 사는 노후를 보장하는 적금이다. 몸은 하늘의 공기를 마시며 땅에 발을 딛고, 중력을 이기며 움직이는 물리적 실재(real)이다. 중력에 맞서는 역도나 높이뛰기, 숨을 참는 잠수나 수영 등의 최고 기록은 상상을 초월한다. 타고난 신체 조건, 땀 흘린 노력 그리고 체계적인 훈련이 합쳐져야 하듯이, 노후를 위한 몸 건강을 위해서는 자신의 신체 조건에 알맞은 방법으로 한평생 꾸준히 노력해야 한다.

노년기인 65세부터 신체 활동 수준과 근육량이 급격히 줄어들고, 70대 중반이면 그 수치가 더욱 가파르게 떨어진다. 활동이 줄어들면 근육이 약해지고 근육이 약해지면 활동이 줄어들기 때문에 노년기 운동이 더욱 중요하다. 체중 1kg당 1분에 쓰는 산소인 최대 산소 섭취량(VO max)이 높을수록 힘을 내는 근력이 좋아지고 질병으로 인한 사망률이 낮다고 한다. 노인의 사망이나 장애의 주원인인 낙상 위험과 근육량은 상관관계가 높다. 치명적이지 않아도 낙상 이후 3~12개월 동안 앓으면서 쇠약해지면 사망 위험이 높아진다. 백세인 10종 경기[28]처럼 손주나 증손주 들어 안아주기 혹은 여행 가방 수화물 칸에 올리기와 같은 목표를 정하고 자신에게 필요한 종목을 정해야 한다. 노년기에는 관절을 제대로 유지하고 넘어졌을 때의 골절을 방지하기 위해 근육의 안정성을 강화해야 한다. 혼자 움직일 수 있더라도 안전하게 구르기와 뒹굴기 연습이 중요하고, 누워서 지내게 되면 혼자 엎치기와 굴러서 앉기를 연습해야 한다.[29]

아리스토텔레스의 중심이 있는 세계와 우주
출전: 과학의 탄생(동아시아)

　　움직임만큼 쉼도 중요하다. 몸의 쉼은 잠이다. 잠은 몸의 피로를 해소하고 생체 리듬을 유지해 주기 때문에 충분한 수면은 건강에 도움이 된다. 사람은 평생 1/4~1/3을 잔다고 한다. 일반적으로 일상생활을 잘 유지하려면 하루 6~8시간 정도 수면이 필요하다. 빛이 완전히 차단된 침실 환경이 중요하지만, 잠드는 시간 설정, TV, 휴대전화 화면 등 청색광, 잠자기 전 운동시간과 강도, 깊은 잠을 위한 수면 패턴, 주간의 생활환경 개선이 더 중요하다.

수면 시간이 하루 7시간 미만이면 건강에 위협적이다. 감기에 더 잘 걸리고 심장마비로 인한 사망률이 증가한다. 대사 기능 이상, 2형 당뇨, 호르몬 불균형, 고혈압, 심혈관 질환, 심장동맥 질환, 비만 위험 증가와의 관련성도 보고되고 있다. 스트레스가 심할수록 잠을 제대로 못 자고 수면 부족은 다시 스트레스를 유발하는 식으로 악순환된다. 스트레스 호르몬 분비가 촉진되면 스트레스로 유발된 인슐린 저항성 때문에 혈당 수치도 증가하고, 이러한 상태가 지속되면 2형 당뇨병으로 이어진다.

수면 패턴은 나이에 따라 변하는데, 성인기 초기에 수면이 급격하게 감소하여 34~53세인 성인기 중반까지 느리게 감소하다가 54세 후반기에 증가해서 70세가 되면 7시간 정도에 이른다. 노년기 수면 시간은 인지 기능과 관련이 있는데, 7시간을 기준으로 공간 탐색 능력이 가장 좋고, 5시간을 자면 현저히 저하되고, 10시간을 자는 사람들은 훨씬 더 나쁜 것으로 보고되었다. 너무 많이 자거나 깨어있기보다 6~8시간 정도 수면시간 유지가 노년기 건강에 중요하다. 수면 부족은 건강, 기대수명, 안전, 생산성, 아동 교육에 재앙 수준으로 영향을 미친다.

잠은 꿈꾸는 시간인 렘(Rapid Eye Movement: REM)수면과, 전

체 시간의 75~80%를 차지하는 비렘(Non-REM)수면으로 나
눈다. 렘수면은 꿈꾸는 시간으로 정신의 피로를 회복하
는 시간이고, 비렘수면은 신체적 회복에 필요한 시간이
다. 렘수면과 깊은 비렘수면은 학습과 기억에 중요하다.
특히 렘수면은 어릴 때 뇌 발달에 중요하고, 기억과 정보
처리를 돕고 동시에 정서 균형을 유지하는 데 중요한 역
할을 한다. 깊은 비렘수면은 뇌 자체의 노폐물을 처리하
는 시간으로, 노인의 숙면은 알츠하이머병에 걸릴 위험
도를 낮추고 인지 기능도 높은 수준으로 유지하는 데 중
요한 역할을 한다. 특히, 40대와 60대의 깊은 잠이 알츠
하이머병 예방에 중요하다[30].

사계절의 밤낮 길이가 달라지듯이 연령대에 따라 자는
시간의 비율이 달라지지만, 평생에 걸쳐 일하는 시간과
쉬는 시간은 거의 비슷하다. 평균수명 80년에서 일하는
시간이 26년, 잠자는 시간이 25년으로 평생 64% 시간을
일하고 잠자면서 보낸다고 한다. 일할 때 열심히 움직이
고, 쉴 때는 몸과 마음이 함께 쉬도록 해야 한다. 몸이 무
리하지 않도록 마음이 몸을 감시해야 한다. 마음이 지치
기 전에 몸을 움직여야 한다.

몸은 살아있는 동안 마음의 터전이다. 마음이 떠난 몸
은 텅 빈 대지와 같다. 생명이 살아 숨 쉬는 대지인 몸을

보살피는 정성이 필요하다. 밤에 자고 낮에 움직이는 인간의 삶은 우주 자연의 동정(動靜)에 나를 맞추는 일이다. 동정(動靜)의 변화마저 멈추면 죽음이다.

3장

시간을 들여
만드는 체질

homo

나눔 :

사상체질, 개인 맞춤의 오래된 미래

함께 가는 사람들 가운데 스승이 있다. 물론 배울 마음이 있어야 한다. 인생에 세 번의 기회가 있다는 말처럼 자신을 돌아 볼 모범이 세 사람이 있다는 뜻이다. 집안에서는 삼대(三代)가 그 사람이다.

삼대는 부모, 형제, 자식으로 그들을 통해 나를 관찰한다. 관찰 결과는 몸과 마음의 병을 예측하는 진단 지표와 같고 예방을 위한 중요한 피드백 정보가 된다. 나에게 어떤 병이 생길지, 어떤 환경(운동, 음식, 수면, 정서 등)에서 병이 유발되는지, 어떠한 노후를 맞게 될지 예측하는데, 삼대의 삶에는 가족력이 축적된 개인 맞춤형 정보가 담겨있다.

삼대 이외의 다른 사람과 비교해야 하는 이유는 전체에서 자신의 상대적 위치를 알아야 하기 때문이다. 다른 집안을 보면 자기 집안의 특징을 파악하기 쉽고, 다른 사람을 보면 자신의 특성을 파악하기 쉽다. 운동, 음식, 수면, 정서와 관련하여, 부지런히 움직이고 쉽게 지치지 않는

지, 가리지 않고 잘 먹고 많이 먹는지, 어디서라도 눈만 감으면 편하게 자는지, 혼자 있기보다 사람들 만나기를 좋아하는지 등을 다른 가풍과의 비교를 통해 알 수 있다.

몸은 생명이 유지되는 물리적 공간이며, 모든 정보가 저장되는 하드웨어다. 살아있는 동안 모든 결과는 몸으로 귀결된다. 마음은 보이지 않고 지난 세월은 사라지지만 얼굴의 주름처럼 흔적은 몸에 새겨진다. 감정 표현이 즉각적으로 드러나는 표정에는 양육 과정에서 경험한 집안 정서가 고스란히 남아있다.

나의 노후는 부모의 삶으로 예측한다. 어떤 음식을 얼마나 먹는지, 얼마나 움직이고 쉬는지, 어떤 방식으로 사회와 교류하는지와 같은 경험을 자신에게 맞는 피드백으로 만들어야 한다. 빙산의 일각처럼 드러나는 사소한 반응을 세심하게 살펴야 한다. 스스로 몸과 마음의 사소한 변화를 관찰하는 습관이 첨단기기나 각종 검사보다 우선되어야 한다.

병을 예방하기 위해서는 수행하듯 몸과 마음에 공을 들여야 한다. 특히 고령 사회의 만성질환 대부분은 진단이 될 때는 이미 돌이키기 어려운 상태인 경우가 많다. 집안 어른들이 어떤 병을 앓고 노후를 어떻게 보냈는지를 알아보는 것처럼 음식을 비롯하여 운동이나 감정 표현 등이 집안 내력으로써 오래전부터 누적된 결과이기 때문이다. 종두득두(種豆得豆), 자업자득(自業自得), 사필귀정(事必歸正), 인과응보(因果應報)처럼 어쩌면 대부분의 만성질환이 습관이자 업(業)이므로 삼대와 삼인을 스승으로 삼아 빨리 자신의 체질에 따른 대책을 마련해야 한다.

최고의 명의는 자신이라 하였다. 집집이 의사가 있어 병을 예방하고, 다름을 인정하는 대동(大同) 사회를 꿈꾸었던 동무(東武)의 의학철학은 보원(保元)으로 수세(壽世)하는 것이었다. 인간의 삶은 타고난 대로 몸과 마음을 사용하고, 궁극적으로 원래의 상태로 되돌아가는 것이다. 삶에서 체질은 '중심 찾기'이자 '중심 잡기'이다. 몸의 코어(core)를 잡는 운동처럼, 가족이나 사회에서 자신의 위상을 알아차리고 중심이 되는 일이어야 한다. 찾아서 스스로 느껴야 중심을 잡을 수 있다. 잡고 나면 유지하는 노력이 따라야 한다.

반복되는 삶 속에서 자신에게 맞는 생활 리듬과 사이클을 찾아서 운동하고 쉬고, 자신에게 맞는 음식과 정서의 패턴을 찾아서 몸과 마음을 건강하게 유지해야 한다. 좋은 패턴은 대물림되도록 모범이 되어 나쁜 습관을 고칠 기회를 주어야 한다. 집안의 중심으로 셀프 케어의 모델이 되어야 한다.

3장에서는 사상체질의학을 소개한다. 이번 장의 글을 읽고 자신의 체질을 파악할 수 있기를 바란다. 양방의 개인 맞춤치료가 첨단 유전자검사로 밝혀진 일부 질환에 국한된다면, 사상체질의학에는 약물치료뿐만 아니라 음식, 정서 관리까지 오래된 임상 정보가 들어 있다. 질병 치료에서는 당장 나타난 현증(現症)도 중요하지만, 평소 상태인 소증(素症)의 연장인지, 갑작스러운 변화인지를 살피는 긴 안목의 진단을 강조하였다. 한열(寒熱) 변화를 근거로 항상성이 제대로 유지되는지, 다른 사람에 비해 자신은 어떤 특성이 있는지 살펴 체질을 파악하는 혜안을 제시하였다.

사상체질의학은 만성질환이 심각한 현대인의 질병 치료와 예방에 관련된 개인 맞춤형의 오래된 미래이다.

비만한 사람은 정해져 있다?

요즈음 우리 국민의 건강 화두는 비만이다. 각종 매체에서는 비만에 좋은 약을 비롯하여 다이어트 관련 광고가 넘치고, 전문가들이 보아도 정말 신기할 정도의 효과가 있을 것 같은 광고로 사람들을 유혹한다. 이제 비만 열풍은 단순히 외모를 중요시하는 사람들만의 문제가 아니라 전 국민의 건강을 위협하는 사회의 질병처럼 여겨진다. 비만 환자는 이미 상품 판매의 대상이 되었고, 각종 제품들은 건강한 사람마저 현혹될 만큼 문란할 정도다.

한의학에서 비만은 비인(肥人)이라 하여 기름지고 맛있는 음식을 즐겨하는 사람들을 가리켰는데, 예나 지금이나 지나친 영양과잉은 똑같이 지적된다. 그리고 비만은 비위(脾胃)의 이상으로 생긴다고 하였다. 비위는 우리들이 흔히 말하는 '비위가 좋다', '비위에 거슬린다'고 하는 말의 '비위'이다. 한의학에서 말하는 비(脾)는 소화 기능과 전혀 관계없고 면역 기능에 관련된 서양의학에서 말하는 스플린(Spleen)과는 다르다. 한의학에서 말하는 비는 위(胃)와 함께 짝이 되어 표리(表裏) 되는 장부로, 오행으로는 토(土)에 속하는 장부이다. 비위는 음인 장(臟) 비와 양인 부(腑) 위가 짝이 되어 마치 한 단어처럼 사용되는데, 이것은 바로 한의학의 오행 상 장부 짝이 관용화되었기 때문이다.

비위는 오행에서 중심이 된다. 예를 들어 공간적으로 간과 폐가 좌우에 해당하고 심과 신이 전후가 되어 사방으로 배치할 때 한가운데가 비위가 된다. 또한 심신이 상하가 되면 간·폐는 각각 상승과 하강을 맡아서 승강(升降)이 이루어질 때 비위는 승강의 중심이 된다. 이처럼 우리 몸에서 기운을 만들고 순환시키는 중심에 비위가 있다고 본 것이다.

그리고 비위는 살[기육(肌肉)]과 연관이 있다. 서양의학에서는 근육(筋肉)이라 하여 한 단어로 사용하고 있지만, 한의학 고전에서는 근(筋)과 육(肉)을 장부별로 구분하였는데, 근(筋)은 간(肝), 육(肉)은 비(脾)와 연관시켰다. 즉 비(脾)는 살과 직접 관계된다는 것이다. 그러므로 한의학에서는 살이 많이 찌는 사람은 비위 기능이 지나쳐서 아무것이나 가리지 않고 잘 먹으며 소위 먹성이 좋다는 소리를 듣는다. 비위 기능이 지나친 경우 음식을 과하게 먹어 비만이 쉽게 걸린다고 보며, 비위가 약한 사람은 비위 기능이 부족하여 음식량도 적고 입맛도 까다로워서 살이 찌지 않고 심지어 성격까지 까다롭다고 해석한다. 실제 주변에 보면 아무런 걱정이 없고 느긋한 사람들이 대부분 비위가 좋고 음식도 잘 먹는다. 비위가 좋은 사람들은 소화가 잘 안되거나 맛있는 먹거리가 없다는 사람을 이해하기 어려워한다.

사람들은 양약으로 살을 빼면 부작용이 생긴다는 사실을 알면서도 당장의 효과와 간편한 방법에 유혹을 버리지 못한다. 비만을 치료하는 가장 좋은 방법은 당연하게도 적정량의 음식을 먹고 일정한 운동을 꾸준히 하는 것이다. 그리고 요즈음 한약 처방으로 만든 비만 치료약이 누구에게나 효과적인 것처럼 보이지만 실제로 꼭 그렇지만은 않다. 왜냐하면 한의학에서는 그 사람의 비만의 원인 장부가 비위인지, 신(腎)인지, 대소장(大小腸)인지 등을 가려야 정확한 처방을 내릴 수 있기 때문이다.

비위가 좋아 살이 쉽게 찌는 사람을 흔히 물에 젖은 수건에 비유한다. 물에 젖은 수건은 습기(濕氣)가 쉽게 사라지지 않듯이 비위의 습(濕)으로 비만이 초래되는 것으로 보고 치료 시에도 습을 제거하는 방법을 사용한다. 바람으로 날리는 약, 습기를 소변으로 제거하는 약, 기를 보충하여 습을 배출하는 약, 따뜻하게 하여 습을 말리는 약, 대변으로 습을 제거하는 약 등 다양한 방식으로 습을 제거한다. 따라서 한약이 필요한 비만 환자도 반드시 진단을 받고 약을 복용해야 하고 또한 가벼운 침 치료도 비만에 효과가 있음을 알아야 한다.

개인 맞춤 식단과 식품에 주목

　요즈음 난치병에 효과적이라는 건강식품 광고부터 건강식품만 믿고 치료 시기를 놓친 안타까운 사연까지 언론에는 건강 관련된 기사가 종일 넘쳐난다. 유명 백화점에 건강식품이 인기 품목으로 진열되고, 방문판매 조직에서 건강식품이 주를 이룬다. 주부들이 많이 보는 월간지에는 한방 요리에 관한 기사가 인기를 더해간다.

　이러한 현실에서 자신의 건강에 대한 지나친 관심이 잘못됐다며 탓할 수는 없지만, 건강에 대한 기대가 맹목적이라면 오히려 무관심만 못한 경우도 있다.

　사상의학을 주장하신 이제마 선생은 일찍이 개개인의 체질을 강조하였다. 바로 건강의 비결은 다름 아닌 자신의 체질을 파악하는 것이 급선무라는 것이다. 즉 건강식품보다 더 좋은 보약은 바로 자신의 체질에 맞는 음식을 적절하게 선택하는 것이고, 이보다 더 좋은 건강 처방은 바로 자신의 마음에 달려있다는 사실이다.

우리는 흔히 일상생활에서 "그 사람은 그게 체질이야. 원래 성격이 그래."라는 말을 하면서 사람의 성격을 통해 그 사람을 판단하며 "마음을 곱게 쓰면 얼굴도 따라서 고와진다."라는 옛 어른들의 얘기도 대개 수긍한다. 이는 성격에 따라 생활 습관, 음식에 대한 기호, 몸매 등이 좌우되며 질병도 각기 다르게 나타나게 됨을 의미하는데, 이러한 사실들이 체질 판단의 기본 정보가 된다. 예를 들어 성격이 급하고 판단력이 빠르지만 지구력이 약하고 평소 몸에 열이 많은 사람, 성격이 꼼꼼하고 침착한 편이지만 적극성이 다소 부족하고 평소 손발이 차며 소식하는 경향이 있는 사람, 그리고 성격이 느긋하고 욕심이 많고 자신의 생각을 쉽게 내보이지 않으면서 평소 땀을 잘 흘리는 사람으로 구분한다. 이러한 구분에 따라 권하는 음식이 다르고 감기에 걸렸더라도 처방이 다른 이유는 바로 그 사람의 체질을 고려하기 때문이다.

따라서 건강식품도 자신의 체질에 맞아야 보약이지 그렇지 않으면 건강식품도 불필요한 음식이 될 수 있고, 심지어 건강에 해를 미치는 독약이 될 수 있다. 그리고 무엇보다 그 사람이 그렇게 생각하고 행동하도록 하는 본성(本性)이 바로 체질을 결정짓는 중요한 요소이므로 건강의 궁극적인 관건은 원만한 심성에 달린 셈이다.

가끔 가까운 친지들로부터 '선물로 받은 건강식품이 자

신에게 맞는지.', '시골에서 효험 있다는 약초를 구했는데 무엇을 더 넣어 먹어야 좋은지.'라는 질문을 받으면 곤혹스럽지만 항상 이렇게 답을 드린다. "발효식품인 김치가 아무리 좋다고 해도 밥 없이 매일 김치만 먹을 수 없듯이, 건강식품이나 약초도 건강 상태에 따라 필요한 시기에 적절한 처방을 받아서 먹어야 효과가 있습니다. 그리고 막연하게 먹어두면 좋겠지라는 생각으로 건강을 제대로 점검하지 않으면 나중에 오히려 건강식품 때문에 건강을 망칠 수 있습니다."

　체질의학을 생각하면 이제부터라도 건강식품을 찾는 노력으로 자신의 평소 성격을 관찰하여 희(喜), 노(怒), 애(哀), 락(樂) 중 어디에 치우쳐 있는지 살펴야 한다. 그리하여 항상 일상생활에서 자신의 지나친 감정을 자제하면서 자신에게 맞는 음식을 적당히 섭취한다면 질병을 예방하여 건강을 유지할 수 있다. 이렇게 보면 자신에게 가장 훌륭한 주치의는 바로 자신의 마음속에 있으니 나만의 주치의를 잘 활용해야 한다.

3.

보약이면 무조건 다 좋은가?

보약은 몸이 허약할 때 먹는 약으로 보신의 효과가 있다. 몸이 허약하다는 것은 기운 즉 몸에 기가 부족하거나 기가 있어도 제대로 소통이 되지 않아 맥이 없는 상태를 말한다. 몸이 허약한 대부분의 경우 음식을 제대로 섭취하지 않아 몸에 필요한 기를 만들지 못하기 때문이며, 그 다음이 적당한 운동을 하지 않아 기가 제대로 순환하지 못하는 경우이다.

예전에는 음식을 통한 적절한 영양분의 섭취가 이루어지지 않았기 때문에 밥맛을 돋우는 약이 바로 보약이 될 수 있었다. 그래서 밥맛이 돌아오면 음식을 제대로 먹게 되어 비위(脾胃)에서 기를 만들고 기는 혈을 만들어 전신의 기혈을 충족할 수 있다고 보았다. 이러한 이유로 『동의보감(東醫寶鑑)』에는 "식보(食補)가 제일"이라는 말이 있다. 즉 음식을 통한 보법(補法)인 식보가 약을 통한 보법보다 더 우선된다는 말이다.

하지만 영양결핍은 이제 아프리카 오지에서나 있는 일이지 우리들과 무관한 일이 된 지 오래다. 영양결핍보다는 영양과잉으로 인한 비만이 사회적 관심거리가 되어 각종 신문광고에서는 다이어트 식품을 전면에 소개한다. 이처럼 사회적 여건에 따라 질병의 양상도 달라진다.

그렇다면 현대의 우리들에게 보약은 어떤 약이 되어야 하는가? 몸이 허약한 원인 중에는 적당한 운동을 하지 않아 기가 제대로 순환하지 않는 경우가 있음을 상기하자. 마치 좁은 도로에 차들이 너무 많아 교통체증이 일어나는 것과 같이, 몸속에 불필요한 것이 많으면 전신을 순환해야 하는 기와 혈이 제대로 돌지 못하고 막히거나 천천히 돌게 되는 상태가 된다. 비만이 바로 이와 같다. 즉 비만은 몸에 불필요한 것이 체외로 배출되지 않고 쌓여서 생기는 증상이다.

그러므로 현대인들에겐 기를 잘 소통시키는 약이 보약이 되지 결코 예전처럼 밥맛을 돋구어 기와 혈을 보충하는 약이 보약이 될 수 없다. 오히려 이러한 약을 먹게 되면 몸에는 점점 더 불필요한 것이 쌓여 만성적인 질병을 일으킨다.

한약은 누차 강조하지만 한열허실(寒熱虛實)을 가려야 한다. 특히 보약을 복용할 때는 허증(虛證)인지를 반드시 확인해야 한다. 자신의 체질과 관계없이 남들이 좋다는 약을 무조건 먹게 되면 약이 아니라 독이 되기 때문이다. 한약이 차라리 양약처럼 부작용이 심하면 조심하겠지만 부작용이 갑작스레 나타나지 않아서 더욱 위험하다. 왜냐하면 자신의 몸을 자신도 모르는 사이 서서히 망쳐가며 병을 차츰차츰 키우기 때문이다.

한약 처방 중에 '십전대보탕(十全大補湯)'이 최고의 보약으로 알려져 있다. '십전(十全)'의 십(十)은 숫자 중에서 음(一)과 양(丨)이 합쳐진 완전(完全)한 수로서, 음인 혈과 양인 기를 모두 보충한다는 의미가 있다. 이 까닭에 십전대보(大補), 즉 으뜸의 보약이라 불렸다. 하지만 기와 혈이 부족하지 않고 기와 혈이 남아도는 현대인들에게 과연 십전의 대보가 효과적일까?

한약이 무조건 보약이라는 잘못된 상식이 만연하고 있는 것처럼 보인다. 이를 바로 잡기 위해서라도 "보약이면 다 좋은가?", "증(證)에 맞는 처방을 받자."처럼 건강 상식을 새롭게 정립할 필요가 있다.

이러한 처방 원리는 약에만 국한되는 것이 아니다. 가정교육에 있어서도 칭찬만이 긍정적이지 않고 때로는 따끔한 충고가 아이를 건전하게 하는 보약이 될 수 있다. 그리고 우리 사회의 건강을 위하여 새해에는 부족한 이들에게는 넉넉함을 주고, 거만한 이들에게 냉정한 비판으로 보약을 선물하자.

만성질환일수록 자신을 돌아봐야

홍삼 관련 기사가 유행처럼 쏟아지면서 홍삼이 마치 만병통치약인 것처럼 착각을 불러일으킬 정도이다. 인삼과 마찬가지로 홍삼 또한 한의학적으로 몸에 열을 만들어낸다. 물론 과학적으로 어떤 체질의 사람에게 얼마나 어느 정도 먹어야 이상 증상이나 부작용이 생기는지를 완전히 밝히지는 못했다. 무조건적으로 나쁘다고 말할 수는 없지만, 부작용 사례가 없다고는 할 수 없기 때문에 그 문제점을 지적하려 한다.

그 예로, 한약으로 만성 인후염을 치료했던 환자의 사례를 들 수 있다. 환자는 양의사에게 수술을 권유받았으나 수술 후에도 재발의 여지가 있다는 말을 듣고 한방 치료를 택했다. 한 달간의 한방 치료 이후 환자는 불편한 증상이 치료되어 일상생활에 불편이 없을 정도로 호전되었다. 문제는 그 이후였다. 환자는 만성질환에 홍삼 제품이 좋다는 주변의 권유로 한의사와 상의하지도 않은 채

홍삼 제품을 석 달 동안 꾸준히 복용해 인후염이 재발하여 한의원에서 다시 치료를 받았다고 한다.

그 환자의 경우 양방에서 말하는 만성 인후염의 전형적인 증상 외에도 머리가 항상 맑지 못하고, 눈이 쉽게 피로하고, 입냄새가 많이 나며, 입술과 코도 건조하고, 가슴에 한 번씩 열이 차는 자각증상 등이 있었다. 이는 한의학적으로 수승화강(水升火降)이 제대로 이루어지지 않아서 생기는 열(熱) 때문이다. 열을 치는 서늘한 약으로 치료하여 증상이 호전되었다.

그런데 증상이 없어진 뒤 주위 사람들이 홍삼이 피로 회복에도 좋고 만성질환에 효과적이라고 하자 환자는 홍삼 제품을 한방 치료 기간보다 훨씬 오래 복용하였다. 쉽게 열이 오르는 자신의 체질을 고려하지 않았던 것이다. 열이 다시 위로 오르게 되면서 인후염이 재발하였던 사례이다.

예로부터 우리 조상들은 일상생활에 수승화강의 원리를 항상 적용하였다. 한복의 경우에도 가슴선을 깊이 파서 가슴부위의 열이 쉽게 배출되도록 디자인하였고, 한옥 구조에서도 아래쪽은 온돌로 따뜻하게 유지하는 한편, 방마다 문풍지를 바른 창문을 만들어 환기와 습도조절이 쉽게 이루어지도록 설계하였다. 생활 습관에서도 수승화강의 원리를 찾아볼 수 있다. 머리는 차게 하고 발은 따뜻하게 하도록 권하였으며 가슴은 서늘하게 아랫배는 따뜻하게 함으로써 건강을 유지할 수 있다고 보았다.

우리 몸과 마음은 기계처럼 강한 충격에 쉽게 부러지듯 병이 생기는 것이 아니다. 자신도 모르는 사이 습관으로 자리 잡은 잘못된 환경으로 병이 생기는 경우가 더 많다. 특히 현대에 생기는 병은 더욱 그러하다. 식습관, 운동, 정신건강 어느 것 하나 소홀히 할 수 없이 건강에 매우 중요하다. 이러한 것들은 모두 하루아침에 만들어지고 하루아침에 고쳐지는 것이 아니다. 그러므로 평소의 생활 습관 특히 어릴 때의 습관이 평생의 건강을 좌우한다. 아이들의 잘못된 습관은 모두 어른으로부터 배워서 형성된다. 아이의 건강을 생각한다면 평상시에 식습관, 규칙적인 운동 습관 그리고 정서적 안정감을 줄 수 있는 가정환경을 만들어주기 위하여 세심한 배려를 해야 한다.

만성질환일수록 주위의 권유에 따라 행동하는 것이 아니라, 자신의 평소 습관을 반성하고 그러한 습관을 바꾸도록 노력해야 한다. 동시에 가족들에게도 좋지 않은 영향을 미치지 않았는지를 살펴보아야 한다.

5.

체질에 맞게
하루 끼니를 챙기자

설날은 음력 새해의 첫날이다. 예로부터 우리나라 사람들은 설날에 제사를 지내고 어른들께는 세배를 드리며 온 가족이 새해 덕담을 나눈다. 제사상에는 조상들이 즐겨 먹었던 음식과 귀한 음식이 오르는데 제사상의 맨 앞쪽 첫 줄에는 요즈음의 후식에 해당하는 과일류가 놓인다. 흔히 조, 율, 시, 이의 순서로 올리되 대추, 밤, 감, 배 그리고 사과 등을 올리기도 하며, 요즘엔 귤, 바나나, 키위까지도 놓는다.

제사상 과일도 시대에 따라 변하지만 예전부터 꼭 올렸던 이유가 있었던 것 같다. 체질에 적합한 과일을 제사상에 올렸다는 점에서 선인들의 사려 깊은 마음을 엿볼 수 있다.

대추[棗]는 소음인(少陰人), 밤[栗]은 태음인(太陰人), 곶감[柿]은 태양인(太陽人), 배[梨]는 태음인, 사과는 소음인, 수박은 소양인(少陽人)에 적합한데 체질별로 하나씩 과일을 올리고, 80% 이상인 태음인을 더 배려한 것이다. 물론 주위에서 구하기 쉽기 때문에 이 과일들을 제사 상차림에 올렸겠지만, 최근 미국에서 비빔밥이 다이닝에서 유행하며, 냉동 김밥도 건강식품으로 각광 받으며 세계적인 수출 상품으로 인기를 끌고 있음을 볼 때, 제사상에 남아 있는 건강 상차림과 무관하지 않은 것 같다.

대추는 맛이 달고 비위(脾胃)에 작용하여 비위가 허약한 사람에게 좋다고 하며, 밤은 맛이 달고 비위(脾胃)의 원기(元氣)와 신기(腎氣)를 보충하여 근골(筋骨)을 강하게 한다. 감은 꼭지를 약재로 이용하여 구역질에 이용하고 설사에 효과가 있다. 배, 사과, 수박 등 과일은 그 맛에 따라 체질별로 다르게 적합하다.

전통 제례는 종교와 무관하게 향을 피워 하늘에 알리고 술을 부어 땅에 알리는 의식을 치른다. 이는 천지인(天地人)이 하나임을 상징하는 의식으로 우리 생명이 결코 자연과 무관하지 않으며 자연과 함께 더불어 살아야 한다는 전통적인 자연관 및 생명관에 부합하는 행위이다. 그리고 제사는 조상들이 우리를 있게 하였음을 되새기면서 한 조상 아래 뿌리내린 가족들이 친목을 다지는 계기이고, 어렸을 때부터 음식을 서로 나누어 먹으면서 함께 더불어 사는 지혜를 배울 수 있는 좋은 기회이다.

이러한 의식을 위한 상차림으로 체질별 적합한 음식을

차려 어떠한 체질이라도 함께하도록 배려한 조상들의 지혜는 건강이 제일 중요한 우리에게 은혜라 아니할 수 없다.

매일 제사상 차리듯 하루 끼니를 정성스레 준비하고, 조상이나 자연에 감사한 마음을 가지며, 온 가족이 함께 체질에 맞는 음식을 먹는다면 건강은 분명 지켜질 것이다.

홍익인간은 몸과 마음의 조화로부터

'수신재가치국평천하(修身齋家治國平天下)'는 정치인의 덕목이 아니다. 평천하의 출발점은 바로 심신이 조화로운 건강이다. 본인이 건강해야 집안의 모범이 되어 가족 공동체가 화목하고, 집안을 넘어 이웃이나 약자를 배려하고 지구환경까지 생각하는 여유가 생긴다. 심신의 조화는 자연과 더불어 사는 삶도 가능하게 한다. 세상에 널리 이로운 홍익(弘益)을 꿈꾸고 실천하는 홍익인간은 바로 자신의 몸과 마음의 조화로부터 시작된다.

수신(修身)은 언제부터 시작해야 할까? 재가(齋家)는 가정을 이루고 시작하니 과학적 근거에 따른 노화를 기준으로 하면 20대 중반이다. 청춘(青春, youth, youthhood)과 청년기(springtime of life)를 봄(春)과 연관시키고, 젊은이를 나무랄 때 '새파란 놈[31]'이라 하는데, 계절에 맞춰 농사짓던 경험이 담긴 표현이다. 인간과 자연의 변화를 순환[32]으로 보았던 사고는 동아시아 전통 의학에 남아 있다. 인간의 평균 수명이 길어졌지만 일생을 단계로 구분하면 청년은 활기가 넘치고, 삶의 가능성이 무한하며, 개성이 다양한 시기이다. '철없는 사람', '주책(籌策)없는 사람'으로 불리는 어른도 나이에 걸맞지 않은 사람이다. 노화도 계절처럼 하나의 변화 과정으로 보고 신체를 관찰하기도 했다. 동아시아 전통 의학[39]의 고전인 『황제내경(黃帝內經)』에서는 50세부터 간, 심, 비, 폐, 신의 기능이 쇠약해지고 100세가 되면 오장의 모든 기능이 상실되어 정신과 혼백이 쇠진해진다고 보았다. 『동의보감(東醫寶鑑)』에는 눈물이나 콧물의 배출 이상, 이명, 구강건조, 침 흘림, 소변 실금, 대변 이상, 수면 장애의 '칠규반상(七竅反常)'이라는 지표가 있다. 이러한 지표를 바탕으로 나이와 관계없이 사소한 변화를 살펴야 한다.

노년기 수신(修身) 과제는 마음이 앞서고 몸이 따르지 않는 것이다. 노년기 불편이나 불행의 원인이 되는 가장 흔한 병이 골절이다. 혼자 움직이기 어려우면 도움을 받아야 하고, 심하면 병원에서 생활해야 한다. 부부 해로의 기본 조건은 끼니를 잘 해결하는 것이다. '삼식이'란 호칭은 베이비부머 세대 산업화 역군의 비애다. 혼자 몸을 가눌 수 없고, 끼니를 해결하지 못하면 누군가에게 신세를 져야 하니 수신이나 재가는 불가능하다.

숨 쉬고 먹고 마시는 방법론보다 에너지원을 만드는 대사가 중요하다. 아마존에 식사법 관련 책이 4만 권이 넘지만, 특정한 식사법이나 모든 사람에게 좋은 완벽한 식사법이 있다는 주장은 절대적으로 틀렸다. 왜냐하면 음식물이 화학적 조성에 따라 맛이 달라지는 것처럼, 섭취하는 음식물의 분자들은 다양한 효소와 복합적인 메커니즘에 영향을 미치기 때문이다. 유전자, 대사, 장내미생물, 생리 상태와 상호작용할 뿐만 아니라 개인에 따라서도 반응이 다르게 나타난다. 영양 관련 논문은 단순한 사례연구로 일반화가 어렵고, 설문조사라는 측정의 한계가 있으며, 신약 개발 임상시험처럼 엄격한 연구 설계가 불가능하여 의미 있는 연구 결과[34]를 도출해 내기 어렵다.

식품의 선택이나 식습관을 결정하는 요인에 유전학, 사회적 영향, 경제적 요인, 교육, 대사 건강, 마케팅, 종교 등 다양한 요인이 있는데, 식품 자체의 생화학적 효과들과 분리가 어렵다.

의학 3.0 시대에서는 개인별 맞춤 식단을 위해 데이터를 토대로 한 영양학으로 자신의 몸과 목표에 맞는 음식을 찾아야 하고, 식습관을 유지할지를 판단할 때는 ① 영양 과부족 ② 근육량 충족 ③ 대사의 건강 여부를 기준으로 삼아야 한다.

자신에게 맞는 식단 찾기에 앞서 우선 표준 식단[35]

에서 벗어나야 한다. 영양개입 전략은 열량 제한(Caloric Restriction), 식이 제한(Dietary Restriction), 섭식 시간제한(Time Restriction) 세 가지이다. 열량 제한은 대사 건강이 안 좋거나 영양 과잉인 사람에게 필요하고, 식이 제한은 섭식 패턴을 개인 맞춤형으로 적용하고, 시간제한은 각종 단식법[36]으로 대사 이상을 고려해서 신중하고 정밀하게 적용해야 한다.

영양은 노화와 장수를 위한 유일하거나 강력한 요소가 아니다. 좋은 영양을 섭취하기보다 좋지 않은 요소를 배제하는 것이 더 중요하고, 대사가 건강하면 영양 개입은 효과가 제한적이므로 에너지 균형 맞추기에 목표를 두어야 한다. 특히, 영양과잉 상태의 근육량 부족을 가장 경계해야 하고, 정답이 없으므로 자신에게 맞는 섭식 패턴을 찾아 꾸준히 지속하는 노력이 필요하다. 영양에 집착하기보다 운동을 권한다[37].

사람마다 신체에 노화가 오는 시기는 차이가 난다. 그렇지만 생리 기능이 최고점에 도달하는 시기가 12살 근처이므로 노화는 이때부터 대비해야 한다. 노화 연구 역시 10여 년 전만 하더라도 70대 고령인과 80대 도달한 초고령인에 초점을 맞추고 있었다. 그러나 1990년대 31세에 불과했던 기대수명이 2016년에 미국은 72세, 일본은

84세로 가장 높게 치솟으며, 100세가 넘은 백세인과 110세가 넘은 초 백세인의 숫자가 전 세계적으로 지속적으로 증가하고 있다. 21세기의 가장 주목할 만한 사회 전환 현상 중 하나이며, 그중에서도 노인인구 증가는 전 세계 모든 국가에서 나타나는 현상이다. 또한 선진국을 비롯해 개발도상국에서도 비만, 제2형 당뇨병, 천식, 염증성 장 질환과 같은 만성질환이 급격히 증가하고 있다. 이러한 상황은 개개인들의 건강에 장애가 되고 남은 기간 삶의 질을 현저히 낮춘다. 발병률 측면에서 살펴보면 심혈관 질환과 알츠하이머병, 파킨슨병, 그리고 치매와 같은 뇌 질환도 급격하게 증가하는 추세를 보인다. 아직까지 노인병은 효과적인 예방법이나 치료법이 없는 실정이고, 생각보다 훨씬 복잡하다는 사실만 입증되었다. 최근 장내 미생물과의 연관성에 대한 연구 결과, 우리가 태어난 이후부터 어머니와 주변 사람들로부터 물려받은 미생물들이 면역시스템을 작동시키고 평생 동안 대사 과정과 생리작용에 관여한다는 사실이 밝혀졌다. 미생물들은 여러 대사질환과 정신질환, 비만, 노화 등에 관여한다. 우리 몸을 이루는 수십조의 세포보다 많은 미생물들이 병을 일으키는 일부를 제외하고는 우리 몸 미생물의 가장 큰 서식지인 장을 비롯하여 피부와 구강, 질, 심지어 폐나 방광에도 일부 소수의 미생물들이 서식한다.

미생물은 상리공생 관계를 이루면서 공진화하며 젊음의 샘 에너지를 제공하게 된다. 연구에서는 우리가 건강하게 늙어가기 위해 미생물이 우리에게 젊음의 에너지를 계속 공급할 수 있도록 먹는 것과 운동, 생활 습관 등을 조절해야 함을 강조한다. 미생물의 건강을 보살피는 일이 우리 건강을 돌보는 일이란 뜻이다. 지난 1세기 동안 항미생물 예방조치 결과, '과도한 위생의 부작용(Hygiene Hangover)'으로 해로운 미생물만 제거한 것이 아니라 수백만 년 이상 함께 진화해 온 '유익한' 미생물도 같이 없애버리는 상황을 맞이하였다. 다양한 미생물들이 작동하도록 설계된 우리 몸을 위태롭게 하고 말았다. 건강은 고사하고 생존에 필요한 핵심 기능까지도 위험에 빠트리게 된 것이다. 건강하게 산다는 것이 건강하게 늙어가는 과정임을 이해하고, 평생에 걸친 기간 동안 장내 미생물 조성의 풍부함을 유지해야 한다. 미생물 조성에 입각한 효과적인 개인별 식이요법을 파악하여 '가장 최근에 발견된 장기'라고 불리는 미생물 군집을 위해 조금 더러워도 좋은 환경을 만들어야 할 것이다.[38]

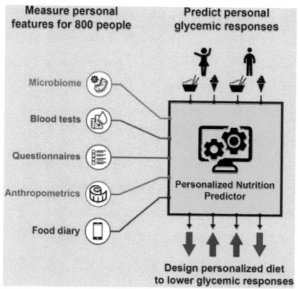

개인 맞춤형 식단으로 혈당을 효과적으로 조절하고
장내 미생물군 특성으로 예측한 논문.
(출처 : David Zeevi et al, Personalized Nutrition by Prediction of Glycemic
Responses, Cell 163, 1079-1094. November 19, 2015)

영양생화학에서 제시하는 개인 맞춤형 섭식 패턴 찾기
는 전통 의학에서 스스로 피드백에 근거한 양생법이다.
약처럼 뚜렷한 효과가 바로 나타나지 않기 때문에 음식
은 습관이나 욕구에 영향을 더 많이 받는다. 그래서 음식
을 선택하기 위해서는 전통 의학에서 제시한 '한·열'을
기준으로 상태를 평소 세심하게 관찰해야 한다. '한·열'
변화가 나타나면 음식 종류나 식습관을 되돌아볼 수 있

다. '한·열'은 체온계로 측정하는 열이 아니라, '차다[한량 (寒凉)]', '열이 있다[온열(溫熱)]'는 몸과 마음의 상태를 음양에 대비시킨 개념이다. 한열은 혀의 상태, 대소변 상태 그리고 기본 맥으로 관찰한다.

혀의 이끼인 설태(舌苔)가 양이 적고 황색이며, 소변 색이 노랗거나 양이 적고, 대변이 단단하고 맥이 빠르면 열증(熱證)이다. 설태가 두껍고 백색이며 소변 색이 희면서 양이 많고 대변이 묽으면서 맥이 느리면 한증(寒證)이다. 여성의 월경이 빠르거나 양이 줄고 색이 짙으면 열증이고, 반대로 월경이 늦어지거나 양이 많으며 색이 묽으면 한증이다. 감정적으로 내향적이며 반응 속도가 느리고 소극적이면 한성(寒性), 외향적이며 반응이 빠르고 적극적이면 열성(熱性)이다. 자신의 사소한 조짐을 살펴서 평소와 달리 한열 변화가 생기거나 편차가 심해지면 음식으로 한열을 조절해야 한다. 약물처럼 신체 반응에 따라 한성(寒性)과 열성(熱性) 음식을 구분해서 몸이 차면 열성 음식으로 몸에 열이 있으면 한성 음식을 먹으면 된다.

병들면 수술부터 양약, 한약, 식단, 정신력 순서로 치료 효과가 크다고 생각하는데, 부작용도 마찬가지이다. 부작용이 적고 안전하며 경제적인 방법은 병이 생기기 전에 예방하는 마음가짐, 음식, 한약, 양약, 수술 순이다.

수신(修身)의 몸[신(身)]에는 마음도 함께 작용한다. 동양에서는 이성이나 도덕조차도 몸을 바탕에 두었기 때문에 수신은 마음 수양으로 이어진다. 또한 개인이나 부분보다 전체를 보았기 때문에 마음 수양을 개인과 사회, 자연까지 확장하였다. 성정(性情)이 체질에 평생 영향을 미치기 때문에 몸뿐만 아니라 마음 조절도 중요하다. 체질을 알고 적절한 음식으로 영양을 취하고, 감정이 조화로우면 제 수명을 누릴 수 있다.

재가(齋家)는 가정에서 이루어지니 혼인이 전제가 된다. 집안도 삼대가 함께 살았던 시절과 달리 부모나 자식과 따로 사는 가족이 많아졌다. 수신이 제대로 이루어지면 부부 혹은 부모나 자식 관계도 자연스레 건강하고 행복해질 수 있다. 현대인의 가정은 가상공간인 인터넷에 있고, 지혜를 전하는 모범은 정보가 대신하고 있다. 체득하는 경험의 장소와 지혜를 전할 사람이 없어진 셈이다. 코로나19가 기존의 생활방식을 많이 바꾸었지만, 비대면의 한계를 체험함으로 인해 대면의 소중함을 알게 되었다. 같은 공간에 함께 지내는 것만으로 재가를 위한 수신의 모범이 된다. 백세 장수 비법이 아니더라도 가족력을 근거로 자손들에게 피드백을 전할 수 있기 때문이다.

사상체질의학은 지인(知人: 體形氣像 容貌詞氣, 性質才幹, 知行)[39]과 소증[40](素證)으로 병을 예측하는 건강법이다. 자기를 기준으로 부모나 조부모의 체질이 자신에게 어떤 영향을 미쳤는지, 부부의 차이가 어떤 비율로 자식들에게 전해졌는지를 살펴야 한다. 첨단 유전자 검사[4]보다 자신이 알고 있는, 직접 경험한 집안 내력이 건강과 질병의 핵심 정보이자 중요한 피드백이 된다. 예를 들면, 식욕이 넘치지만 음식을 탐닉하지 않았는지, 술을 마셨지만 친구들과 어울리는 즐거움으로 즐겼는지, 예민하고 불안함 때문에 힘들었는지, 꼼꼼하지만 일을 막판에 몰아서 처리하는지, 일하는 만큼 휴식을 취하고 잠을 자는지 등 자신의 삶과 기존 습관을 돌아볼 필요가 있다. 그리고 자식들이 자신과 어떤 점을 어떻게 닮았는지, 장단점이 무엇이며 어떻게 발휘해야 자신에게 유익한지를 알려 주어야 한다.

아이들에게 압축 성장과 베이비부머 시대를 살면서 겪은 도시화, 산업화, 서비스, 정보화 경험을 비롯하여, 혈연·지연·학연 중심 사회생활의 경험을 바탕으로 대동 사회를 꿈꾸도록 권하면 더 좋겠다.

전통 의학의 건강 비결은 '몸과 마음'의 조화, 가족이나 사회관계에서 '위와 아래'의 조화, '인간과 자연'의 조화를 바탕에 둔다.

자신이 세상의 중심이 되어 선악, 시비, 정치, 문화의 좌우에 치우치지 않아야 한다. 건강한 삶을 위해서는 스스로 주치의가 되어야 한다. 매일 자신의 몸과 마음의 변화를 세심히 살피면, 몸과 마음의 조화, 일과 휴식의 조화 그리고 인간관계의 조화를 유지할 수 있다. 자신보다 더 훌륭한 의사가 없다는 말은 평소 몸과 마음 상태를 살피는 예방을 강조한 뜻이다.

개인을 '다름' 차원에서 재조명한 사상체질의학은 사회적 갈등 치유나 다문화사회를 위한 대안이다. 휴대전화로 실시간 정보를 주고받는 세상이 되면서 국가와 민족 그리고 문화적 차이를 자유롭게 넘나들게 되었고, 시공간도 더 이상 제약이 아니다. 단일민족을 자랑하던 한민족이 경제 선진국을 넘어 문화 선진국으로 나아가기 위해서는 '다름'과 '어울림'을 실천해야 한다. 사상체질의학은 사람의 타고난 성정이 각기 다르지만 장단점이 있으므로 있는 그대로 서로 조화를 이루면 대동사회가 된다는 이상을 제시하였다.

우리는 단일민족으로 살았기 때문에 다른 사람의 특징을 잘 찾아내고 쉽게 구분하는 능력을 물려받았는지 모른다. 척 보고 구분 능력이 사물을 판단함에 있어서 뛰어난 능력이지만, 분류가 차별이어서는 안 된다. 다른 점을 인정하면서 함께 조화를 이루는 화이부동(和而不同)의 배려가 필요하다.

종교와 경제, 패권과 정치를 이유로 전 세계가 전쟁을 치르고 있다. 유대인의 민족종교인 유대교를 비롯하여 무함마드가 알라의 사도이자 예언자라 가르치는 이슬람교, 예수 그리스도의 삶과 가르침에 바탕을 둔 기독교는 유일신을 따름에도 서로 전쟁을 일으킨다.[42] 다양한 신들이 하나로 연합한 힌두교와 고타마 싯다르타의 가르침을 따르는 불교 국가에서도 신분 계급이 구별과 갈등을 일으킨다. 모든 종교는 신의 세계나 현생에서나 모두가 고통에서 벗어난 행복한 세상을 지향하는데, 오히려 종교가 갈등의 선봉에 선 느낌이다. 종교도 체질에 맞게 선택하여 화이부동(和而不同)이 되면 좋겠다.

내성적인 사람은 유일신을 따르더라도 자신의 세계에 빠지지 않도록 공동체를 위해 활동하는 선교에 나서도록 하고, 외향적인 사람은 불교의 가르침대로 도움을 원치 않는 사람에게 자신의 도움이 해가 될 수 있음을 깨우치게 하면 자신과 세상 모두에 이로울 것 같다. 성격검사인 MBTI가 유행인데, 내향성(I)이나 외향성(E)은 에너지의 방향이나 에너지를 얻는 방법일 뿐이고 시간과 상황에 따라 변할 수 있다고 한다.[43] 성향에 맞는 종교의 가르침으로 성격도 바꾸면 모두가 건강한 세상이 될 것 같다.

자신의 종교관이나 세계관으로 세상을 판단하는 오류

에서 벗어나려면, 자신의 치우침을 알아차리고 장점은 살리고 단점을 보완하는 수행을 통해 음양화평지인(陰陽和平之人)이 되어야 한다.

신에 의지하든 스스로 깨치든 방법론일 뿐이고, 사랑과 자비, 배려와 나눔으로 함께 하는 대동사회(大同社會)를 기대해 본다.

4장

사랑할 힘도
건강에서 나온다

건강이 사랑으로 연결된다

잼버리 대회가 열리던 당시, 어느 기사에 따르면 대회에 참석한 독일 학생들이 우리나라 템플스테이(temple stay)를 체험하면서 스님이 되겠다고 하였지만, 학생들이 아직 어린 나이라 부모 동의를 얻어 삭발만을 경험하게 했다는 기사가 있었다. 기사에서 학생들이 스님이 되겠다고 생각한 이유는 우크라이나 전쟁에 대한 스님의 '남을 위한 기도'로부터 받은 감동 때문이었다고 하였다.

같은 경험을 하더라도 대응은 다르다. 힘들다고 말리는 사람이 많지만 도전을 권하는 사람도 있다. 이국땅의 6.25 한국전 참전을 자랑하는 참전용사도 있지만, 전쟁의 고통을 우리가 직접 겪었음에도 파병이나 전쟁 난민 입국으로 사회적 갈등이 일기도 한다. 개인이나 사회나 아픔에 대한 감수성이나 가치가 다르기 때문에 힘든 경험 이후 대응도 다를 수밖에 없다. 아픔을 경험하고 남의 아픔을 함께 나누며 심지어 고통을 대신하려는 사람을 만나면서 삶의 가치를 다시 생각하게 된다.

동서고금을 막론하고 인간다움이 무엇인지는 화두였
다. 누구나 자신의 삶을 되돌아보는 무렵이면 삶과 죽음
의 문제를 생각하게 된다. 왜 태어났는지, 죽고 난 뒤 어
떻게 되는지, 스스로 살아있는 이유는 무엇인지에 대한
질문을 던진다. 윤리 · 도덕 · 철학 사상에서 다양한 표현
으로 인간다움 혹은 만물 영장임을 자부하는 이유를 설
명하지만, 자기 스스로 자신을 찾는 과정이 인간다움에
대한 답을 찾는 시작이다.

리처드 도킨스(Richard Dawkins)의『이기적 유전자(The Selfish
Gene)』에서는 '인간을 포함한 생명체는 유전자에 의해 창
조된 생존 기계에 불과하다'고 하였다. 이 책을 읽고 허무
주의에 빠지거나 삶의 의미를 잃는다고 걱정하는 이들에
게 저자는 '더 많이 읽고 더 많이 생각해 보라, 그러면 어
느 날 마음이 평안해지는 날이 온다'고 했다. 그와 대담을
한 최재천 교수도 인간의 활동이 대단하다거나 인간이
동물과 다른 고상한 존재라는 생각을 내려놓고 난 뒤, 삶
을 대하는 태도가 달라졌고 유전자 입장에서 일관된 생
각으로 모든 문제를 대하게 되었다고 한다.『다윈 지능』
「자유의지의 출현과 인간 두뇌의 진화」에 따르면 호모 사
피엔스(Homo sapiens)만이 유일하게 '나는 누구인가?'라는 질

문을 던진다고 한다. 인간만이 탄생부터 죽음까지 삶에 대한 질문을 던지며, 자신의 존재에 대한 의문을 해결하기 위해 책이라는 지적 결정체를 만드는 유일한 생명체라는 것이다. 쓸데없는 걱정과 괜한 상상에 휩싸이는 것이 인간다운 모습이고, 똑같은 유전자를 가진 일란성 쌍둥이가 환경에 따라 각기 다르게 살아가는 모습이 컴퓨터나 기계와 다른 인간만의 특성이라고 한다. 생명체의 관계 속에서 박동을 만드는 심장 세포 메커니즘은 물리철학과 다른 '생물철학'이나 삶의 '철학'으로 이해해야 한다고 하였다. 유시민 작가는 삶에 의미가 주어져 있지 않기 때문에 찾을 수 없다는 과학적 사실을 받아들였다. 삶의 의미가 무엇인지 묻기보다 인생에 어떤 의미를 부여할 것인지, 어떤 의미로 삶을 채울지를 과학적으로 자문자답하고자 했다. 유시민 작가는 호모 사피엔스를 '진화가 만든 기적'으로 보았다. 그러면서 자신은 유전자의 노예가 아니기에 '본능을 직시하고 통제하면서 의미 있다고 여기는 행위로 삶의 시간을 채우고, 생각과 감정을 나눌 수 있는 사람들과 교류하며 가치 있다고 여기는 목표를 추구하면서, 살아 있는 마지막 순간까지 삶의 방식을 선택할 권한을 스스로 행사하겠다'고 하였다.

일개미의 희생도 의지인지 알 수 없지만, 인간다움은

배려하는 마음과 사랑이라는 생각이 든다. 그러한 마음이 없거나 행동을 결과적으로 해석하더라도, 함께 더불어 살고 약자를 배려하면서 사는 존재로서 행동하는 삶이 인간다운 삶이다. 그 행위가 종교적 신념이든 일관된 철학이든 상관없이 그 행위 자체가 남을 배려하고, 약한 것을 먼저 생각할 때, 함께 하는 힘 '사랑'이 시작된다. 사랑은 우주를 품고도 남는다.

이번 4장의 주제는 삶과 병, 수승화강(水升火降), 최상 컨디션, 명상의 중심이다. 사랑하는 힘 나누기는 자신의 건강이 전제되어야 한다. 스스로 건강의 모범이 되어야 사랑을 나눌 수 있고, 고통을 덜어주고 남을 배려할 여유가 생기기 때문이다. 병이 있을 때 삶을 돌아보고 몸과 마음을 세심하게 살피는 기회로 삼아야 한다. 우주 자연의 생명 원리로 '몸', '몸과 마음', '사회관계', '지구환경'까지 조화와 균형을 추구해야 한다. 내 몸 어딘가에 집중하여 수행과 단련을 이어가야 한다.

몸이 건강해야 세상을 품고 사랑을 나누는 힘이 생긴다. 가을은 숙강(肅降)의 계절이다. 열매를 거두어들여 남들에게 나누고 베푸는 계절이고, 새봄을 위해 준비하는 사랑이 넘치는 계절이다.

병은 우리를 돌아볼 기회다

인간의 삶에 있어서 병이 없다면 과연 어떻게 될까? 우리 인간에게는 왜 병이 생길까? 누구나 한 번쯤은 생각해 본 문제이고 특히 가족이나 자신이 심한 병을 앓았다면 심각하게 고민해 봤을 것이다.

요즈음은 병이 생기지 않는 것이 이상하게 여겨진다. 왜냐하면 전염병처럼 직접적인 원인이 밝혀지는 병보다 환경요인이 더 심각한 요인으로 작용하기 때문이다. 예를 들어 우리의 삶과 관련된 불규칙한 식사와 수면, 인스턴트식품 섭취, 부족한 운동량, 무절제한 생활, 여유 없는 마음가짐과 지나친 욕심, 과도한 경쟁심, 조급함과 이기주의 등이 병을 키운다.

병은 사회적, 환경적 요인 등이 복합적으로 작용한다. 우리의 삶을 둘러싸고 있는 모든 조건들을 건강한 습관들로 고치지 않으면 건강을 담보하기 어렵다. 건강 지상주의가 실현되려면 진정 우리 삶이 달라져야 한다. 이제부터라도 실천해야 할 몇 가지를 요약해 보면 다음과 같다.

가장 먼저 적절한 운동량과 규칙적인 생활 습관을 손꼽을 수 있다. 하루에 만 보 걷기가 유행한 적이 있다. 과연 하루에 얼마나 자신의 몸을 움직이는가? 적절한 운동량은 개인차가 있겠지만 땀이 살짝 날 정도로 몸을 움직여야 한다. 그리고 규칙적인 생활에는 식사 시간과 수면 시간의 규칙성이 가장 중요하다. 한의학에서는 자연의 시간을 따라 해가 뜰 때 일어나고 해가 지면 자도록 권하고 있다. 이게 어렵더라도 새벽 2~3시까지 대낮처럼 밝은 전등 아래서 컴퓨터 통신이나 책을 읽으며 보내는 시간을 줄여야 한다. 한의학에서는 밝은 곳에서 부부 관계를 맺는 일도 건강을 해친다고 하였다. 낮일과 밤일을 분명하게 구분해야 함은 음양 이치를 따르는 것이다. 아침, 점심, 저녁 식사 시간을 일정하게 유지해야 한다. 미국 연구에 따르면 아침 굶는 사람이 당뇨에 걸릴 확률이 높다고 하니 오랜 습관은 여전히 유효하다. 밥 먹는 시간도 넉넉해야 한다. 10여 분의 속식(速食)은 먹는 것이 아니라 넣는 것이다. 밥맛을 느끼며 먹는 것이 중요하다.

다음으로 삶의 여유를 느끼는 것이다. 여유란 항상 무엇이 넉넉하게 남아서 생기는 것이 아니다. 밥을 맛있게 먹고 난 뒤에 오는 나른함과 같은 아무런 잡념이 없는 상태를 자주 느낄 수 있어야 한다. 공부를 하거나 시험을

칠 때, 미팅을 하거나 대화를 할 때와 책을 볼 때처럼 모든 일상에서 항상 넉넉함이 온몸에서 배어있어야 한다. 여유는 바로 마음으로부터 나온다.

마지막으로 우리 주변은 결코 우리 자신과 전혀 별개가 아니란 사실을 자각해야 한다. 가깝게는 가족으로부터 친지, 친구뿐만 아니라 전 인류인 모든 사람들, 그리고 우리가 밟고 있는 땅, 항상 마시고 있는 공기, 없어서는 안 되는 물 등 모두 우리와 함께 더불어 살아가야 하는 모든 것이 해당한다. 이러한 마음을 가질 때 우리는 주변의 것에 대한 소중한 마음을 가지게 되고 아끼며 감사하는 마음이 우러나오게 된다. 매사에 감사한 마음을 가지면 바로 여유가 생기고 조그마한 일에 감동하며 매 순간 행복을 느낄 수 있다. 그리고 환경보호를 함으로써 환경의 혜택을 누릴 수 있다.

우리 삶에 있어서 병은 어쩌면 자연이 우리에게 제대로 살아가고 있는지를 반성하도록 기회를 주는 축복인지도 모른다. 병이 없기를 바라기보다 병이 생기지 않도록 삶을 제대로 살아가는 각자의 노력이 그 어느 때보다 절실한 요즈음이다.

2.

수승화강(水升火降)으로 화평을

'수승화강', '물은 올라가고 불은 내려간다? 아니 불이 나면 타서 위로 올라가고 물은 아래쪽으로 흘러내리는 게 정상인데 왜 반대로 얘기하는가?' 하는 의문을 가질 수 있다. '수승화강'은 물이 올라가고 불이 내려간다는 뜻이 아니라 '물과 같이 찬 기운은 올려야 하고 불과 같이 뜨거운 기운은 내려야 한다'는 뜻이다.

예전부터 내려오는 '머리는 시원하게 하고 발은 따뜻하게 하라'는 말은 한의학의 원리를 신체에 적용한 예이다. 불과 같이 뜨거운 기운은 내려야 하고 물과 같이 찬 기운은 위로 올려야 한다는 원리다. 이를 우리 몸에 좁게 적용하면 '가슴은 서늘하게 아랫배는 따뜻하게'가 된다.

음양의 조화

'수승화강'은 두 가지 상반된 기운이 서로 조화를 이루도록 하라는 의미이다. 왜냐하면 찬 기운인 물이 아래로 흘러내리고 뜨거운 기운인 불이 위로 타오르면 두 가지 기운은 서로 떨어지기 때문이다. 이는 이혼과 같다. 남녀라는 서로 다른 성이 만나 조화를 이루고 사는 것처럼, 자연도 하늘과 땅의 기운이 서로 조화를 이루어 만물을 생성한다. 모든 생명 혹은 삶은 바로 서로 다른 두 기운이 조화를 이루면서 유지되는 상태이다.

따라서 우리 몸에서도 위쪽은 자연히 열이 모이게 되고 아래쪽은 찬 기운이 모이게 되므로, 위쪽에 뜨거운 기운이 몰리거나 아래쪽에 찬 기운이 몰리게 되면 끼리끼리 같은 기운이 모여 결국 병이 생긴다. 병을 예방하기 위해서는 뜨거운 위쪽에는 찬 기운을 보내고, 차가운 아래쪽에는 뜨거운 기운을 보내는 것이 좋다.

이것이 바로 음양의 조화이다. 음양이 조화를 이루면 부족한 곳에 넉넉함을 주고, 서로 다른 기운이 함께 도와 생명을 살리고, 삶을 살찌울 수 있다.

정치와 가정의 '수승화강'

'수승화강'의 원리는 비단 자연이나 우리 몸에만 적용되는 것이 아니라, 정치나 가정생활에도 적용될 수 있다. 정치는 군림이 아니라 국민의 뜻을 헤아리는 것이다. 한 가정의 가장도 가족들의 마음을 읽어야 하는데, 정치인이 자신들의 생각에만 빠져 있으면 국민들의 마음은 점점 정치로부터 멀어진다. 이 또한 불은 하늘 높은 줄 모르고 위로만 타오르고 물은 한없이 낮은 곳으로 흘러내려 서로가 헤어지는 꼴과 같다. 바로 '수승화강'이 안 되어 삶의 생기를 잃게 되는 것이다.

그래서 예전에 덕으로 정치를 하는 임금이 하늘에 올리는 기우제도 제사를 통해 비를 내리게 하려는 것보다, 비가 내리기를 간절히 바라는 백성의 마음을 헤아리고자 했던 의식이었다. 기우제에는 하늘과 같은 임금이 몸을 낮춤으로써 백성들에게 위안을 전하려는 뜻이 있다. 바로 '화강', 즉 뜨거운 기운이 내려와야 하듯이 하늘 같은 임금이 아래로 몸과 마음을 낮추면 백성들의 한을 풀어 줄 수 있다. 요즈음 정치인도 '수승화강'을 안다면 아마 우리 국민들로부터 진정한 존경과 찬사를 받을 수 있을 것이다.

부부 사이도 마찬가지이다. 남편이 불처럼 위에서 군림하거나 아내를 물처럼 아래로 무시한다면 불과 물은 조화를 이루지 못한다. 불은 불대로 물은 물대로 각자 제 길로 가게 된다. 남들과 함께 뒷담화 수준으로 남편이나 아내를 흉보는 부부들은 스스로 자신의 입장을 지키지 못하고 서로 존중하지 않아서 많은 갈등을 초래한다. 위에 있을수록 아래로 낮추어 존경하고 아래에 있을수록 위를 존경한다면 부부의 '수승화강'이 제대로 되어 분명 부부 관계

도 좋아질 수 있다. 위아래는 결코 차별이나 계급 관계가
아니라 각자의 역할을 인정하는 출발인 셈이다.

오장육부의 '수승화강'

'수승화강'은 자연, 인간의 삶, 정치 등 모든 분야에 적
용되는 원리인데 이 원리가 한의학의 기본 이론이다.[44] 예
를 들어 오장육부 중에서 심(心)은 불, 신(腎)은 물을 상징한
다. 심은 불의 장이므로 뜨거운 기운이 모이면 심장병이
생기고, 신은 물의 장이므로 찬 기운이 몰리게 되면 생식
등과 관계된 병이 생긴다. 그래서 가슴은 서늘하게 하여
심장에 열이 몰리지 않도록 하고, 아랫배는 따뜻하게 하
여 병이 생기지 않도록 해야 함을 강조하였다. 특히 아랫
배가 따뜻하지 않은 여성의 경우 불임 등 병이 생기므로
주의해야 한다.

몸에서 '수승화강'이 제대로 이루어지지 않는 것을 수
화미제(水火未濟), 수화불교(水火不交)라 하는데 대부분의 질
병이 이와 관련되어 있다. 흔히 위쪽으로 열이 몰리고 아
래쪽이 차가워지는 상열하한(上熱下寒)의 상태이다. 상열의
경우 신체의 증상은 화병(火病)에서 흔히 나타나는 심계(가
슴 두근거림), 불안·초조, 건망, 현훈(어지러움), 불면, 심번(가슴이
화끈거리고 답답함), 다몽(꿈을 많이 꾸고 잠을 설침), 구순 건조(입과 입술이 잘
마름), 이명, 목적(눈 충혈), 두통 등이 나타나고, 하한의 경우

에는 냉증에서 흔히 나타나는 사지 냉증(손발이 차고 특히 무릎이나 발이 시림), 월경 부조(늦어지거나 통증), 불임, 대하, 소복통(아랫배통증이나 불쾌감), 소화불량, 식욕부진, 설사 등 비위 허약증이 나타난다. 현대 의학의 병으로는 갱년기 장애, 신경쇠약, 노이로제, 고혈압, 만성질환 등과 연관된다.

경락의 '수승화강'

욕심 보가 하나 더 있는 놀부 덕분에 오장육부는 잘 알려져 있지만, 경락은 무엇인지를 궁금해하는 사람이 많다. 우리 몸에 필요한 기운을 오장육부에서 만들면, 경락은 통로 역할을 맡아 이 기운을 전신에 공급해 준다. 통로가 제대로 정비되어 있지 않으면 기운이 뒤섞이기 때문에 통로도 원리에 맞게 배치되어야 한다. 상수도와 하수도가 쓰임새가 다르듯이 음의 경락과 양의 경락으로 쓰임새가 정해져 있기 때문이다. 음에 해당하는 경락은 찬 기운을 올리고 따뜻한 기운은 내려 손과 발을 타고 위쪽으로 흐르고, 양에 해당하는 경락은 손과 발을 타고 아래쪽으로 흐르게 한다. '수승화강' 원리를 경락의 기 흐름에도 적용한 것이다.

경락은 전신의 기운을 자연의 기운이 흐르는 원리와 마찬가지로 본다. 하늘의 기운이 아래로 내려오듯이 양의 경락이 기운을 아래로 흐르게 하고, 땅의 기운이 위로 올라가듯이 음의 경락은 기운을 위쪽으로 흐르도록 한다. 기공 수련에서도 바로 자연과 같이 우리 몸기운도 자연스레 흐르게 하는데 바로 '수승화강'이 제대로 이루어지게 하는 것이다.

수화불교(水火不交)의 원인

'수승화강'이 제대로 이루어지지 않는 원인은 무엇일까? 여러 가지 원인이 있지만, 자연의 원리를 잘 따르지 않는다는 문제가 있다. 인간은 자연을 떠나서 살 수 없고, 자연과 함께 더불어 살아야 한다. 그러나 요즈음 현대인의 생활 자체가 자연과 더불어 살지 않는 방향으로 가고 있는 편이다. 예를 들어 여름에 조금만 더워도 에어컨 있는 찬바람을 찾거나, 겨울에도 짧은 옷을 입을 만큼 지나친 난방을 하는 생활환경을 비롯하여 비닐하우스 등에서 재배되어 제철과 관계없는 음식을 먹는 등 모든 생활양식이 이에 해당한다. 직접적인 원인을 살펴보면 다음과 같다.

첫째, 지나친 감정적인 변화로 화를 많이 내거나 지나치게 웃게 되면 몸속에 필요 없는 열이 생기고 열은 위로 올라가게 되어 열이 한쪽으로 몰린다. 그리고 지나친 고민이나 슬픔 그리고 공포감 등은 기운을 위축시켜서 몸을 차게 만든다.

둘째, 장부 기능의 이상도 원인 중 하나다. 장부 중에는 소화가 제대로 되지 않고 체하는 비위의 이상과 아래쪽이 차서 따뜻한 기운이 제대로 내려오지 않는 경우를 들 수 있다.

그 외에도 장기적인 질환을 앓거나 지나친 과로 특히 무절제한 부부 관계 등도 원인이 되기도 한다.

'수승화강' 이루는 방법

모든 병이 그러하지만 일단 병이 되고 나서 치료법을 찾는 것보다는 미리 예방하는 방법이 훨씬 간편하고 효과적이다. 물론 위에서 말한 원인 중 장부 기능의 이상까지 나타난 경우에는 찬 약과 따뜻한 약이 서로 조화된 상하양제단(上下兩濟丹), 교태환(交泰丸), 청리자감탕(淸離滋坎湯), 천왕보심단(天王補心丹), 팔미지황환(八味地黃丸) 등으로 전문적인 치료를 받아야 한다.

여기서는 감정을 제대로 다스리는 방법과 일상생활 습관에 관계된 것을 간단히 소개한다.

먼저 요즈음 경제 사정으로 스트레스를 많이 받으면 가슴에 열이 가득 차오르고 머리가 아프게 된다. 이때 호흡을 통하여 열을 내보내는 방법을 이용하면 좋다. 소리가 날 정도로 '후우~'하고 숨을 내쉬거나 '허~ 허~'하고 숨을 내쉬면 열이 쉽게 제거된다.

물론 편안한 자세로 몸을 완전히 이완시킨 상태에서 호흡하면 효과가 더욱 좋다. 흔히 명상이나 기공을 심오한 것으로만 생각하는데, 우리 일상생활에서 늘 쉽게 할 수 있는 방법이니 자주 시간을 투자한다면 질병 예방에 도움이 될 수 있다.

그리고 우리 어른들께서 늘 말씀하신 격언인 '머리는 차고 서늘하게, 발은 따뜻하게 하라'는 이야기를 실천하는 것이다. 동의보감에서도 머리가 아픈 것은 대부분 찬 것이 없고 배가 아픈 것은 대부분 열로 인한 것이 없다고 하듯이 열은 두통의 원인이 되고 찬 기운은 복통의 원인이 된다. 일상생활에서 항상 머리는 차게 하고 발은 따뜻하게 할 뿐만 아니라 가슴은 서늘하게 아랫배는 항상 따뜻하게 하는 것이 좋다.

3.

늘 수험생처럼 최상의 컨디션으로

시험을 앞둔 수험생이 최상의 컨디션을 유지하기 위하여 가장 필요한 것은 적당한 음식과 운동 그리고 휴식이다. 문제는 이를 제대로 할 수 없다는 점이다. 시험 준비로 시간적인 여유를 내기 어려울 테지만, 그래도 최상의 컨디션을 유지하기 위하여 다음과 같은 방법을 권해본다.

규칙적인 식습관

첫째, 일정한 식습관을 들 수 있다. 시험일이 얼마 남지 않으면 점점 마음이 조급해진다. 좀 더 많은 시간을 확보하기 위하여 잠을 늦게 자고 일찍 일어나다 보면 매 끼니를 거르고 간단히 때우게 된다. 특히 아침 일찍 일어나서 속이 불편하다는 이유로 밥 대신에 빵이나 우유로 식사를 대신하기도 한다. 이 경우 체질에 따라 다소의 차이는 있겠지만 혹 설사를 하거나 변비가 생기는 학생들은 오히려 따뜻한 죽을 먹는 것이 훨씬 속을 편하게 할 수 있다. 그리고 누구에게나 권하고 싶은 것은 밥을 먹기 전이나 후에 생수를 마시는 것이다. 또 물을 마실 때는 반드시 벌컥벌컥 마시기보다 한 모금씩 마시는 것이 훨씬 좋다. 입안이 한 모금 정도 될 만큼 물을 머금고 있다가 조금씩 마시게 되면 입안에서 배출되는 프티알린이 많이 포함됨으로써 소장에서 흡수가 쉽게 이루어져 혈액을 맑고 풍부하게 할 수 있다. 이런 식으로 물을 하루에 1.5리터가량 마실 경우 피로가 감소하고 정신이 맑아져서, 공부의 효율이 높아지고 잠도 덜 오게 된다. 공연히 공부 시간을 늘리기 위해서 음식을 거르거나 라면 등의 인스턴트식품으로 끼니를 대신하지 말아야 할 것이다.

세 가지 목운동

둘째는 적당한 운동으로 세 가지 목 운동을 권하고 싶다. 세 가지 목이란 손목, 발목, 목으로 가장 간단히 하려면 손목 운동만도 좋다. 손목에는 가슴에서 손으로 혹은 손에서 머리로 흐르는 경락이 있기 때문에 손목 운동을 적당히 하면 머리가 맑아지고 심폐 기능이 원활해진다. 손목 운동은 손목 돌리기와 앞뒤로 흔들기 그리고 손뼉치기 등이 포함된다. 흔히 우리가 알고 있는 것이지만 아침 잠자리에서 일어나자마자 2~3분 동안 하면 잠에서 훨씬 빨리 깰 수 있고 잠이 오거나 몸이 노곤할 때는 몸이 가뿐해짐을 느낄 수 있다. 그리고 아침 잠자리에서 일어나서 손목 운동과 함께 발목 운동을 겸하면 훨씬 몸이 가벼워진다. 발목에는 머리에서 척추를 따라 내려오는 경락과 발에서 배 쪽으로 흐르는 경락이 있기 때문에 발목을 움직이면 머리가 맑아지고 장 운동이 활발해질 수 있다. 특히 눈이 피곤하거나 장이 불편한 수험생들에게 권할 만하다. 발목 운동은 발가락 문지르기, 발목 돌리기, 발목 앞뒤로 젖히기이다. 이 또한 잠자리에서 일어나자마자 2~3분 동안 반복하여 실시하면 된다. 그리고 공부를 시작한 지 50분이 지나면 점점 집중력이 떨어지는데 이때 목 운동을 하면 좋다. 50분 공부하고 10분을 쉰다고 놀고 나면 다시 집중할 때까지 시간이 오래 걸린다. 또 10분이 아까워 쉬지 않으면 책상에 앉아 있는 시간은 많은데 집중력이 떨어진다. 이때 목 운동을 하면 뇌의 혈액순환이 원활해지고, 숙인 자세로 쉽게 피곤해질 수 있는 목과 어깨를 푸는 데 도움이 된다. 어깨는 앞뒤 사람이 서로 주물러주면 훨씬 긴장이 빨리 풀릴 수 있다.

잠깐의 휴식

끝으로 충분히 쉴 수 없는 수험생에게 적당한 휴식은 잠깐의 휴식으로 최대한 피로를 풀 수 있는 방법이어야 한다. 휴식을 취하다가 잠이 든다든지 몸을 푼다고 운동을 하고 난 뒤 피곤해져서는 안 될 것이다. 휴식 중에서 가장 좋은 것은 역시 잠이다. 하지만 수험생들에게는 충분히 잘 수 있는 시간이 주어지지 않으므로 효과적인 수면 전략이 있어야 한다. 사람마다 차이는 있겠지만 90분을 주기로 잠을 자면 효과적이다. 4시간밖에 자지 않았다는 선배들의 말 때문에 자신의 수면 시간을 4시간에 맞추려 하지 말고, 자신에게 충분한 수면 시간을 파악하여 잠을 취하는 것이 좋다. 그리고 가만히 있는 것만 휴식이 아님을 알아야 한다. 몸이 무겁게 느껴지는 사람은 땀이 살짝 날 정도로 걷기 운동을 하고 몸의 체온이 떨어지는 사람은 따뜻한 차를 마시는 게 좋다. 몸에 열이 많은 사람은 찬 공기를 쐬는 등 자기 몸에 맞는 휴식을 취해야 할 것이다.

각자 자신에게 맞는 음식, 운동, 휴식을 취하여 최상의 컨디션으로 좋은 결과를 맺길 기대해 본다.

4.

차크라(Chakra)와 삼초(三焦)

차크라(Chakra)는 산스크리트 용어로 원 또는 바퀴를 의미한다. 차크라 이론은 고대 인도에서 처음 기록되었는데, 인간의 육체와 정신을 하나로 연결하는 시스템으로 보고 삶은 두 가지 측면이 동시에 존재한다고 가정한다. 하나는 질량인 '육체[sthula sarira]'와 에너지인 '미묘한 몸[suksma sarira]'의 차원이고, 다른 하나는 '심리적, 감정적, 정신적, 비물리적'이라는 차원이다.

차크라에서는 정신 또는 마음이 신체와 상응하고 신체와 마음이 서로 영향을 미친다고 가정한다. 이러한 두 가지 차원이나 동시적 상호영향의 가정은 음양이론과 부합한다. 한의학에서는 장부라는 장기에서 정신과 마음을 연결하여 음양오행 이론을 확립했다. 자연을 연결하는 이론은 '천인합일(天人合一)' 혹은 '천인상응(天人相應)'이라고 표현했는데, 천일합일은 자연의 기후변화에 대응과 적응을 강조한다. 이에 비하여 차크라 이론은 소리와 빛으로

인간을 우주의 에너지와 연결하고, 게이트(?)를 통한 우주
와 영적 연결을 근거로 심적 안정이나 우주적 차원의 삶
까지 해석을 확대한다는 점에서 다르다. 차크라와 유사
한 단전(丹田)은 도가(道家)에서 생명 에너지의 근원을 상징
하고, 의학에서는 구체적인 경혈 부위와 연결 지어 생명
의 근원인 정(精)을 생성하고 저장하는 신(腎)과 연관하여
임상에 활용한다.

영원한 삶인 영생을 추구하고 죽음을 막기 위한 불로
장생약을 찾았다거나, 죽음 이후의 삶을 준비하는 차원
의 피라미드와 진시황의 무덤은 인간의 삶에 대한 헛된
욕망을 살펴볼 수 있는 부분이다. 2009년 생리의학 부문
에서 노벨상을 받은 연구는 텔로미어(telomere)라는 염기서
열에 대한 것이었다. 사람들은 이 분자생물학의 실험이
노화와 죽음의 신비를 풀 수 있을 것이라며 기대하거나,
난치병에 대한 획기적 수술을 기대했다. 또한 영원한 잠
을 선택하는 현대의 냉동인간은 죽음의 비밀을 풀어 생
명을 연장하거나 죽음을 막고 싶은 욕망이 여전히 진행
형임을 보여준다.

타고난 생명을 연장하거나 죽음을 막을 수 있는 미래
가 펼쳐지기 전까지는 지금 당장의 건강한 삶이 더 중요
하다. 기대수명의 연장보다 죽음을 맞기 전까지 건강한

기간을 늘이는 건강수명 연장이 중시되는 까닭이다. 건강한 노년을 위한 수많은 과학 논문을 비롯하여 100세 장수인에 대한 보고서에 따르면, 장수비결은 개인차가 심해서 일반화할 수 없다고 한다. 개인차를 고려한 꾸준한 노력이 필요하다. 그 예방법을 에너지 원천인 차크라나 단전에서 찾을 수 있다. 주의할 점은 초점을 신비로움이나 불신에 두는 것이 아닌, 건강 혹은 삶의 가치 실현에 두어야 한다는 것이다.

인도를 비롯하여 네팔과 티베트, 중국의 황제 노자 사상 등은 고대 아시아 전통 의학에 영향을 미쳤다. 차크라, 단전 그리고 삼초 개념은 자연과 인체의 조화 그리고 궁극적으로 인간의 자연과 합일을 추구한다는 의미가 있다. 차이는 부위를 점으로 보느냐, 공간으로 보느냐이다. 원리를 상징하는 색상[45]에도 차이가 있는데, 네팔이나 티베트에서 흔히 보는 깃발의 색깔이나 순서가 모두 다르게 나타난다. 명상 혹은 에너지를 집중시키는 부위와 관련하여, 하늘과 땅을 상징한 2개, 하늘땅 사이 관찰자를 포함한 3개, 우주 구성요소 지·수·화·풍인 4개, '기(氣)'를 매개로 5개 혹은 6개로 나누는 차이가 있고, 맨 위 차크라[46]를 포함하면 7개가 된다.

몸통과 분리된 머리는 하늘의 상징이며 불교의 명(明)이나 지혜와 관련된 차크라[47]와 연관된다. 머리를 하늘에 비유하지만, 머리를 제외한 몸통만으로 하늘과 땅으로 나누면 가슴은 공기로 가득 찬 하늘을 상징한다. 몸통 전체는 횡격막을 기준으로 위쪽 가슴은 공기를 마시고 내쉬는 공간으로, 아래쪽 배는 먹고 마시는 통로로 나뉜다. 몸통은 생명을 유지하는 대사가 이루어지는 중심이고, 머리(뇌)는 몸통으로부터 에너지를 공급받는 부속기관이다. 생명을 유지하는 중심기관은 몸통이다. 생명의 근원에너지와 관련된 수행이나 수련을 배꼽 차크라[48], 단전[49], 하초[50]와 연관 짓는 이유는 에너지의 원천이기 때문이다.

외부에서 받아들인 기는 장부[51]에서 몸에 필요한 기로 만들어 오장[52]에 저장하고, 경락[53]을 통해 전신에 순환시킨다. 화(火)의 상징인 '심', 수(水)의 상징인 '신'이 하늘과 땅처럼 서로 짝이 되어 기 순환의 중심이 된다. 하늘의 따뜻한 기운이 땅으로 내려오고 땅의 찬물이 기화되어 하늘로 올라가듯이 '심'과 '신'이 기운을 주고받는다. 경락의 기 순환방식도 똑같이 수(水)의 상징인 '음' 경락은 위로 올라가고, 화(火)의 상징인 '양' 경락은 아래로 내려가도록 배치되어, 손발의 음경은 머리로 올라가고, 손발의 양경은 발 쪽으로 내려간다. 바로 기 순환의 수승화강(水升火降) 형식이다. '가슴은 서늘하게, 아랫배는 따뜻하게' 혹은 '머리는 서늘하게, 발은 따뜻하게'에 그 원리가 담겨있다.[54]

가슴은 운명이고, 배는 욕망이다. 가슴에 있는 심장과 폐는 의지대로 조절이 어렵고 타고난 바탕이며 극지방과 적도지방에 사는 사람 차이처럼 운명이다. 물론 심폐지구력을 기르면 운명을 개선할 여지는 있다. 배에 있는 소화계통은 먹고 마시는 소화를 담당하고, 비뇨생식계통은 성 기능을 담당한다. 생명 유지에 필요한 소화계통의 대사 기능과 종족 유지를 통한 생명 존속의 생식 기능은 본능이면서 욕망이다. 수행 관점에서 보면 생명 유지에 필요한 최소한의 에너지를 만들고, 종족 유지를 위한 신성한 능력을 담당하는 셈이다.

하지만 인간은 최소 에너지를 넘어 비상용 에너지를 비축하려는 본능에 따라 먹고 마시거나 식탐에 빠지기도 하고, 종족 유지를 위해 탐닉과 유희에 빠져 성적 욕망에 휘둘리며 살아가기도 한다. 본능에서 벗어나 살기 위해서는 수행이 필요하다. 수행이나 수련은 본능을 따른 쾌락주의나 본능을 억제하는 금욕주의가 아니라 인간다움을 잃지 않고 중도를 찾는 것이다. 수행이나 수련은 배의 욕망을 넘어 가슴의 운명을 개척하는 것이다.

머리는 하늘처럼 청정하면 맑음으로써 얼굴에 드러나고, 가슴은 한열이 교차하는 숨쉬기처럼 냉철한 판단과 따스한 지혜로 드러난다. 배는 생명의 터전인 땅처럼 삶에 필요한 대사가 이루어지고 생명 탄생의 에너지로 드러난다. 흉복강에 있는 '장부'가 에너지를 만들고 통로인 '경락'으로 에너지가 순환한다. 『동의보감』에서 에너지의 원천이자 생명 탄생의 원천은 정(精)이고, 호흡과 대사를 거쳐 만들어지는 기(氣)로부터 정이 만들어진다. 정과 기를 생명의 원천인 신(神)과 합해 삼보(三⁵⁵寶)라 하였다. 정과 신이 모두 기에서 만들어지고, 인간은 기의 덩어리이므로 정신작용과 감정 활동도 기 활동이다.

건강과 장수, 삶의 원천은 정으로 귀결되므로 차크라, 단전, 하초는 수행이나 수련의 터전이다. 마음을 집중하는 수련인 명상은 몸과 마음의 합일 과정이다. 정은 우주 탄생과 같은 생명 창조의 씨앗이자, 생명을 보살피는 무한 생성의 에너지를 담은 사랑이다.

공유:

사랑나누기
-모로코의료선교

모로코의 수도인 라바트 살레(RBA) 공항까지 서울(ICN)에서 파리(CDG)를 거쳐 비행시간만 꼬박 17시간 15분이 걸렸다. 밤늦은 시간에 부인과 함께 마중 나온 박세업 원장을 만났다. 2023년 5월 '자랑스러운 부산대인 상'을 받으러 77주년 개교기념식에 모교를 찾았던 날 처음 인사를 나누고, 그해 9월 마라케시 지진 소식을 듣고 카톡으로 후원금 모금을 상의한 뒤 이번에는 직접 찾아가 만난 것이다.

박 원장은 부산대 의대를 졸업하고, 개원의로서 진료를 정리하고 40세의 나이에 호주 타문화훈련대학에서 의료선교 준비를 시작하였다. 베트남과 아제르바이잔 의료봉사를 하면서 육체의 아픔을 고치는 의료보다 깊은 내면의 상처를 치유하여 영혼을 회복시키는 전인적 접근을 위해, 언어와 문화 그리고 삶의 방식을 배워 현장에서 섬기기 위해 떠난 것이다. 9.11테러 이후 아프가니스탄 카

불병원에서 진료를 시작하고, 바그람 미군기지 코이카(KOICA) 한국병원에서 지역 복구팀(PRT, Provincial Reconstruction Team)으로 활동하면서 현지 의료인의 진료역량 강화를 위해 인턴쉽과 onjob training 프로그램을 운영하였다. 그는 의료인의 역할을 넘어 예방, 치료와 재활의 다양한 접근을 제시하는 보건 분야 전문성을 확보하기 위해 50세에 미국 존스홉킨스로 떠나 석사학위를 마쳤다.

2012년 글로벌케어(GlobalCare) 의료 컨설턴트(consultant)로 모로코에 입국하여 지금까지 에티오피아 영양보건 사업, 모로코의 라바트, 카사블랑카 결핵 사업, 결핵 만성질환 통합관리사업, 모성보건 사업을 비롯하여 Covid-19 당시 교민 의료지원 그리고 도시 빈민 청소년 문맹 퇴치 사업, 살레 지역 고아원 및 양로원 지원, 어린이 도서관 및 방과후센터를 운영하며 꿈을 실현하고 있다. 해외봉사상 '대통령상', '이태석봉사상', '보령의료봉사상', '아산상' 대상을 받았는데, 모교에서 자신을 알아준다는 마음에 부상이나 상금도 없는 '부산대인 상'이 가장 자랑스럽다고 하였다.

'세업씨~!', '영아야~!' 경상도식 퉁명스러운 다정함을 담아 부르던 호칭이 귓가에 맴돈다. 친구 소개로 만나 결혼한 뒤, 남편을 따라 의료선교에 나서 지금까지 뒷바라지한 부인도 남달랐다. 일에 몰두하면 다른 걸 전혀 챙기지 못하는 박 원장 곁에서 복잡한 일정 체크부터 사소한 준비물까지 챙기는 부인이나, 물건을 두고 오거나 일정을 잊어버려 듣게 되는 잔소리에도 꿋꿋하게 웃으며 받아주는 박 원장은 서로 닮아 있었다. 보통의 부부라면 서로에 대한 불평이나 쌓아 둔 분노가 생길 일에도, 진심으로 받아들이는 두 사람 사이에는 믿음이 있었다. 부부의 성향은 전혀 달랐지만 가족 공동체로서 함께 아픔을 나누고, 지금 여기에 감사하며 앞날을 위해 기도하는 모습을 보았다. 기도로 함께 한 아침 밥상은 우리들의 삶을 돌아보는 시간이었다. 박 원장과 나는 고향이나 동문이나 종교도 달랐지만, 베이비부머 세대들이 공통으로 느끼고 있는 노후 문제와 죽음을 대하는 문화까지 다양한 주제에서 공감하며 대안을 나눌 수 있었다.

현대사회는 종교를 믿는 사람이 급격히 줄어들고, 정치 경제 교육 권리가 향상되면서 무종교인이 늘고 종교에 무관심이 심해지는 탈종교사회라고 한다. 종교에 대한 합리적 해석이나 인간에 대한 유전학적 접근에 따르면, 종교는 인간이 필요에 따라 만들었지만, 인간은 초월적 체험을 통하여 자기 정체성을 확장시키는 과정에서 여전히 종교를 유지하고 있다고 한다. 현대인들은 종교에서 사후세계에 대한 답이나 초월적 존재를 찾기보다, 수행 차원에서 종교를 찾고 있으며, 수행도 지성적, 윤리적 수행보다 명상 수행을 통해 자기 정체성을 확장시키고, 궁극적으로 자기 주변에 도움이 필요한 사람과 함께 더불어 행복한 가치를 실현하고자 한다는 것이다.[56]

박 원장과 나눈 종교에 대한 얘기에서 초기 기독교나 초기 불교의 가르침은 다르지 않았다. 정치권력이나 기득권으로부터 고통받는 이를 위해 새로운 비전을 가지고 조직과 사회를 바꾸려고 자신의 모든 것을 희생하면서 직접 모범을 보였던 의미는 여전히 살아 있었다. 의료선교 현장에서 힘들고 지칠 때마다 소명을 되새기며 고통받는 이들과 함께 지내면서, 박 원장은 언젠가 그들 스스로 자립하길 기도한다고 하였다. 자신이 노력한 그동안의 결실에 대한 기대조차 내려놓은 기도 제목은 불교의 '수처작주 입처개진(隨處作主 立處皆眞)'과 '무주상보시(無住相布施)'와 맞닿아 있음을 느꼈다. 원죄를 받아들이고 간절히 기도하는 인간은 겸손할 수 있고, 세상의 주인인 마음으로 세상을 보면 자비를 베풀 수 있다.

교회에 같이 가자는 가족들에게 자신의 철학을 강요하지 않듯이 자신에게 믿음을 강요하지 말라고 한 철학전공 교수처럼 종교를 가지지 않았더라도 자신의 가치에 따라 세상을 향해 선한 영향력을 미치는 사람은 많다.

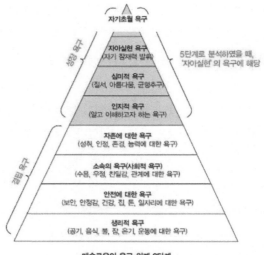

매슬로우의 욕구 위계 8단계

심오한 철학이 아니더라도 주변에 타고난 착한 사람도 많고, 나이가 들면서 자신의 욕구를 넘어서 저절로 자기 초월 욕구의 경지에 오른 분들이 많다. 나이가 들면 힘이 빠져 아집도 저절로 약해지지만, 조용한 미소를 띤 노인 의 표정은 한평생 닦아온 평화가 깃든 결과이다. 몸과 마 음의 조화가 그대로 담겨있기에 그런 어른을 보면 저절 로 마음이 따뜻해진다.

따뜻한 어른인 노인이 되기 위해 내가 스스로 지킬 것

과 상대와 함께 하고 싶은 것 세 가지씩 정하고 한 달에 한 번 스스로 평가하는 수행일지[57]를 쓰기로 했다.

인간은 자기 보호라는 본능을 따르지 않고, 자기 초월의 욕구처럼 더 높은 차원에서 자신의 희생을 각오한 자아를 실현하는 '인간다움'이 있다. 그리고 그 인간다움이 '사랑'이어도 괜찮을 것 같다.

인간이 비록 유전자에 의해 선택되어 태어나고 살아가는 존재라 하더라도, 인간은 유전자에 맞서 자유의지로 나도 좋고 남도 좋게 하는 행동을 하고, 약자를 도와주는 멋진 존재이다.

5장
—

철들면 자유자재
- 차크라의 지혜

Collectio Humanitatis pro Saeafione II

제철 사람으로 살기

순우리말 '철[계절(季節)]'에 한자 부지(不知)를 붙인 '철부지'는 '철없는 어린아이', '철이 없어 보이는 어리석은 사람'을 가리킨다. 어릴 때 자주 들었던 '철부지'의 '철'을 한의학을 배우면서 알게 되었지만, 온전히 이해하기까지 오랜 세월이 걸렸다. 아침이나 봄을 인간의 삶과 짝을 짓고, 심지어 신체의 장부[간담(肝膽)]나 감각기관[목(目)] 그리고 정신[혼(魂)]과 감정[노(怒)]을 연결시킨다. 동일한 주기성으로 자연과 삶을 연결하는 이론이다.

태어나서 성숙할 때까지 단계별 발달 과정을 거쳐야 하는데, '철부지'는 미성숙 단계에 머물러 있다는 말이다. '철모르는 사람'과 '철없는 사람'은 차이가 있다. '철모르는 사람'은 아직 경험하지 않아서 무엇인지 언제인지를 몰라 철과 무관하게 굴더라도 언제든지 회복할 가능성이 있는 아이를 말한다. '철없는 사람'은 제철을 알아차리지 못하는 어른들로 회복 가능성이 없고 남들에게 손해를 끼치는 사람으로 우려가 섞인 말이다.

철들기는 기후 변화를 감각적으로 느끼는 경험이다. 현대인들은 온도계나 일기예보로 날씨를 알고, 계절과 관계없이 에어컨으로 조절되는 환경에서 여름도 시원하게, 겨울도 따뜻하게 보낸다. 그러다 보니 본능적인 감각이 둔해져서 몸으로 계절을 느끼거나 계절이 변하기 시작하는 조짐을 알아차리는 능력은 거의 없다.

위기에 빠진 북극곰 광고나 빙하가 녹아내리는 영상, 이상기후 관련 해외 토픽 뉴스 등을 통해 거대한 기후변화인 지구 온난화를 알게 되지만, 더 일찍 조짐을 느끼거나 심각성을 온몸으로 느끼지 못하는 것과 같다.

2020년 3월 '정부의 소극적인 기후 위기 대응이 생명권 등 헌법적 기본권을 침해하고 있다'며 청구인 전원이 10대였던 청소년들이 대한민국 국회와 대통령을 상대로 헌법소원을 청구하였다. 국내 최초로 기후 변화 문제로 제기한 소송이다. 해외 여러 국가에서 진행되고 있는 기후 변화 소송이 국내에서도 제기되었고, 미래 세대 청소년들이 기성세대를 상대로 한 '세대 소송'이었다. 헌법소원에 참여한 청소년들은 '정부가 지금처럼 기후 위기에 대응할 경우 기후 변화에 따른 '기후 재난'을 막을 수 없다'며 '그에 따른 생명권 · 환경권 · 인간다운 생활을 할 권리 등 기본권 침해의 피해는 미래 세대인 청소년들이 입게 된다'고 하였다. 철들지 않은 '철없는 세대' 입장에서 반성하게 된다.

돌이켜보면 어른은 아이를 위해 희생하는 존재였고, 아이는 어른의 경험을 물려받고 싶은 마음으로 어른을 존경하지 않았던가? 육감적으로 위험에 대한 조짐이나 낌새를 빨리 알아차리고, 내가 피해를 보더라도 다음 세대를 생각하며 그들에게 미칠 영향을 없애기 위해 노력하지 않았던가? 요즘도 아기를 안은 아기 엄마들은 웃으며 먼저 인사를 건넨다. 어린애한테는 같이 인사하도록 권한다.

'자유자재'는 '거침'없이 자기 '마음대로' 할 수 있는 연륜과 경륜이다. 마스터로 불리는 고수들은 눈감고 해내는 능력을 지녔다. 척 보면 문제를 알아차리고 특별한 도구도 없이 즉석에서 해결하는 능력과 지혜가 있다. 존경받는 어른이라면 자유자재로워야 할 텐데, 이런저런 핑계로 '거침'이 있고, 고집불통의 밀어붙이기식 자기 '마음대로'가 많다. 초고령화 시대에 언제부터를 어른이라고 말하기 어렵지만, 나이와 관계없이 연륜이 묻어나오는 지혜를 지니고, '자유자재'로 살되 후손에게 존경을 받는 사람이 진정한 어른이라 할 수 있지 않을까.

'자유자재(自由自在)'는 불교 용어로, '자재'는 외부의 영향을 받지 않고 자기 마음을 다스리며 어떤 상황에서도 평온하고 흔들림 없는 상태를 표현하고, '자유'는 외부의 구속이나 제한 없이 자신의 의지에 따라 행동할 수 있는 상태를 나타내는 수행 경지와 관련이 있다.

심오한 수행과 관계없이 한자 뜻 그대로, '자유(自由)'는 모든 문제가 자기로부터 비롯됨에 대한 '성찰'이고, '자재(自在)'는 내외부 어떠한 자극에도 흔들림 없이 스스로 있는 그대로가 되는 '수양'이다. 어른이 된다는 건 자식의 허물도 자신이 물려준 유전 요인과 양육 과정에서 생긴 문제임을 돌아보고, 단점이 대물림되지 않도록 도와주는 '성찰'이다.

질병이나 노화로 인한 고통은 물론이고 죽음조차 담담하고 가볍게 받아들이며 주변에 부담을 남기지 않도록 노력하는 '수양'이다. 노후에 마지막까지 생산적 활동을 하고, 건강수명이 수명과 같아지려면 건강이 전제되어야 하고, 자식들에게 남길 것은 유전자에 담지 못한 인간다움과 지혜로움이다.

이번 5장의 주제는 노화 대비, 전통 육아, 병보다 사람, 봄 소풍 준비다. 이천 년 전 노화 기준이 지금과 다를 바가 없다. 과학적 실험에서 노화는 20대 중반 이후부터 시작된다고 하니, 화려한 꽃을 보면서 젊음은 끝났다고 한 말과 같다. 건강한 노인을 위한 준비는 젊어서부터 시작해야 한다. 대가족으로 지내지 않아 간혹 손주 놀아주기를 하더라도 창의성의 여지를 둔 전통 육아로 도와야 한다. 흙도 묻히지 않고 키우는 자식들에게 닥친 병만 보지 않고 면역력을 키우는 지혜를 전하고, 집안 핏줄로 가족력을 파악하여 맞춤형 건강관리 비법을 알려야 한다. 시험을 앞둔 수험생처럼 좋은 컨디션을 유지하여 가족들에게 신세 지지 않는 건강한 삶을 유지하는 방법이다.

　겨울은 끝이 아니라, 새로운 봄을 위한 침장(沈藏)의 계절이다. 가벼운 마음으로 새 봄맞이 소풍을 꿈꾸듯 겨울잠을 자면서 새로운 삶의 우주여행을 준비해야 한다.

1.

더 오래 건강하게
-2,000년 전의 노화

최근 노화와 관련하여 체내 활성산소가 주목받고 있다. 활성산소의 분비 촉진은 노화 촉진과 관련이 깊다. 노인의 경우에는 지나친 운동도 오히려 활성산소의 분비를 촉진할 수 있으므로, 예를 들면 1주일에 3회 1회에 1시간 정도의 가벼운 운동이 가장 효과적이라고 말한다. 노화를 진단하는 기준은 나이와는 무관하다. 노화는 비단 몸만의 문제가 아니기 때문이다. 몸은 젊은데 생각이 늙으면 애 늙은이가 되고, 몸은 이미 노인인데 행동과 사고가 적절하지 못하면 주책없다는 핀잔을 듣는다. 예로부터 사람을 탓할 때 '철없는 사람'이란 표현이 있듯이 사람도 계절변화처럼 때에 맞는 행동과 사고를 해야 하고 몸 또한 정상적인 노화 과정을 밟아야 한다.

한의학의 고전인 『황제내경(黃帝內經)』에서는 노화의 과정을 10세를 단위로 끊어서 보았다. 40세까지 오장육부(五臟六腑)와 12경맥(十二經脈)이 완성되고, 이후 50세부터 90세까지 오장의 순서대로 간, 심, 비, 폐, 신의 기능이 쇠약해진다. 100세가 되면 오장의 기능이 모두 상실되고 정신혼백(精神魂魄)이 모두 쇠하게 된다고 기록했다. 구체적으로 50세에 간 기능이 쇠약해지면 담즙 분비가 감소하고 시력이 약해진다. 60세에는 심기(心氣)가 약해져서 인생의 희망을 잃어버리고 비관적으로 되며 혈기의 운행이 서서히 흐르게 되어 서 있기보다 앉아 있기를 선호한다. 70세가 되면 비기(脾氣)가 쇠하여 피부가 거칠어지고, 80세가 되면 폐의 기능이 약해져서 정신이 희미하여 이상한 말을 하기 시작한다. 90세가 되면 신(腎) 기능이 쇠약해져서 나머지 장부의 경맥도 공허해지고 혈기(血氣)의 운행도 원활하지 않게 된다고 하였다. 이처럼 나이에 따라 쇠약해지는 장부가 있고 그에 따른 증상이 있지만, 그러한 증상이 나타나지 않는 경우는 적절한 음식과 운동 등 섭생(攝生) 혹은 양생(養生)을 제대로 하였기 때문이다.

그리고 『동의보감(東醫寶鑑)』에서는 노인의 칠규반상(七竅反常) 즉 생리 상태를 살펴볼 수 있는 부위에 정상적인 생리와 반대되는 증상이 나타난다고 하여, 젊었을 때와 달리 병리적인 조짐이 나타난다고 하였다. 예를 들어 울 때는 눈에서 눈물이 나오지 않고 웃을 때 눈물이 나온다. 코에서는 걸쭉한 콧물이 많이 나오고, 귀에서는 매미 우는 소리가 들린다. 입에서는 음식을 먹을 때 입이 마르고, 잘 때는 침을 흘리는 등의 증상이 나타난다. 소변이 자기도 모르게 나오며, 대변은 몹시 굳거나 설사를 하게 되는 경우가 잦다. 수면에서도 낮에는 졸음이 많이 오고 밤에는 누워도 잠이 오지 않는 경우가 생기게 된다고 하였다.

이처럼 예전부터 사람의 신체는 나이가 들면 노화의 과정을 겪고, 그 과정이 계절처럼 단계로 구분되며 각 연령별로 나타나는 특정 증상으로 노화를 판단하였다. 이러한 기준의 의미는 노화의 판단에 있는 것이 아니다. 이러한 증상이 나타나면 노화의 단계가 진행되는 것임을 알고 평상시보다 더욱더 철저히 양생(養生)을 도모하라는 지침으로 삼길 바란다.

노화는 자연법칙으로 볼 때 거스를 수 없는 인생의 과정이다. 각종 의학적인 방법으로 이러한 인생의 과정을 멈추게 하거나 거꾸로 돌리려 하지만 대세를 거스를 수는 없을 것이다. 한의학에서 가장 중요하게 강조하는 자연법칙에 순응하여 살면 큰 병 없이 자연스레 늙을 수 있으며, 비록 얼굴에 주름은 졌지만 인생의 모든 역정을 담고 조용히 미소 지을 수 있는 아름답고 건강한 노인이 될 수 있을 것이다. 요즈음 우리 사회는 철없는 사람들은 많지만, 아름답고 건강하게 보이는 큰 어른이 드문 편이어서 아쉽다.

2.

'적당히 알아서'의 지혜로

예전부터 우리 어른들은 아이들에게 무엇을 시킬 때 정확한 수치를 얘기하지 않았다. 예를 들어 '네다섯 개 사오라' 혹은 '적당히 알아서 가져오라'는 식으로 정확히 몇 개인지 얼마만큼의 양인지를 말하지 않고 항상 선택의 여지를 두었다. 이러한 방식은 스스로 조건에 맞는 결론은 내릴 수 있도록 하려는 지혜가 담긴 교육방식 때문이었다.

그런데 이러한 방식은 기준을 각자 다르게 해석하여 혼선을 주거나 심한 경우 잘못된 기준을 설정하는 경우가 있다. 이런 식의 잘못된 기준은 의학적으로 건강을 해치게 되므로 정확한 기준을 알아 둘 필요가 있다.

한의학에서 우리 몸은 정(精), 기(氣), 신(神)으로 구성되어 있다고 보았으며, 이 세 가지를 가장 중요하게 여겨 인체의 삼보(三寶)라 하였다. 정은 눈에 보이는 몸이나 눈에 보이지 않는 미세한 물질을 말하고, 기는 입김처럼 눈에 보일 때도 있고 보이지 않을 때도 있는 존재로 흔히 기운을 말하며, 신은 신비하여 변화를 예측할 수 없는 정신세계를 말한다. 우리 건강은 이들 삼보의 조화로부터 비롯되므로 정을 간직하고 기를 북돋우며 신을 맑게 해야 한다. 각각의 기준을 정확히 파악하는 것도 건강 유지의 열쇠가 된다.

정은 수곡지기(水穀之氣) 즉 지기(地氣)를 품은 물과 곡식으로부터 만들어진다. 정은 오장(五臟)에 저장되며 특히 생명체에게 핵심적인 정은 신(腎)에 저장되어 새로운 생명을 잉태하는 식물의 씨앗과 같은 역할을 한다. 이러한 정을 제대로 간직하기 위해서는 음식을 제대로 먹는 것이 중요하다. 마시는 물과 씹어먹는 곡식을 제대로 조절해야 한다. 먹는 시기도 일정해야 하며 그 양도 적당해야 한다. 음식의 적당한 양은 사람마다 다르지만 소화가 제대로 되며 기운이 부족하지 않을 정도면 된다. 이를 만족시키는 기준과 관련하여 옛 의사들은 '음식은 허기를 느끼기 전에 먹어야 하고, 배부른 듯 할 때 멈추라'고 하였다.

기(氣)를 제대로 소통시키는 가장 중요한 방법은 운동이다. 물론 반드시 뛰고 달리는 운동뿐만 아니라 내장 운동까지 포함된다. 요즈음은 계절과 관계없이 실내에서 운동하기 때문에 예전처럼 계절에 맞게 운동하는 경우가 드물다. 프로선수들은 쉬지 않고 운동하기 위하여 전

지훈련을 하지만 어차피 동식물처럼 인간도 우리 환경을 완전히 벗어날 수 없으므로 항상 계절 기후를 감안해야 한다. 동식물이 활발한 봄여름에는 운동량을 늘리고, 낙엽이 지고 동면을 하는 가을·겨울에는 운동량을 줄여야 한다. 그러나 가을·겨울에도 매일 아침 몸을 풀어 주면서 하루를 시작하고, 운동할 때는 땀이 살짝 날 정도라야 한다. 몸에 땀이 살짝 나는 정도가 서양의학의 연령별 심박동 수에 따른 운동량과 거의 일치한다고 한다. 기(氣)의 통로인 경락(經絡)은 손가락과 발가락에서 시작하고 끝이 나므로 아침저녁으로 주무르기를 하면 좋다. 특히 아침에 아이들을 깨울 때 온몸은 흔들지 말고 손발가락 주무르기로 잠자고 있는 내장을 깨운 뒤 아이를 잠자리에서 일으켜야 한다. 그뿐만 아니라 내장을 잠에서 충분히 깨운 뒤라야 아침 밥맛이 있기 마련임을 명심해야 한다.

마지막으로 정신세계도 적당히 활발해야 한다. 정신세계는 감정으로 나타나므로 적당한 감정 표현은 신체 건강과 밀접하다. 최근 일본의 연구에 따르면 웃음이 당뇨병 환자의 혈당수치를 낮출 수 있다고 한다. 어느 정도 웃어야 하는지는 보도되지 않았는데 서양의학에서는 엔도르핀이 나올 정도라 하겠지만 한의학에서는 미소(微笑)를 권하였다. 감정 변화로 신체에 열감이 생기거나 차가워짐을 경계하였기 때문이다. 지나친 화나 웃음은 열을 만들고 지나친 슬픔과 두려움은 몸을 차게 만들게 되므로 한열(寒熱) 변화가 생기지 않을 정도로 화내고, 웃고, 슬퍼하고 두려워하라고 하였다. 적당히 알아서의 경험적 자기 기준을 빨리 세울수록 건강은 일찍 관리할 수 있다.

건강하면 얼굴도 곱다

최첨단 진단 기기로 머릿속과 뱃속을 직접 보듯이 영상으로 관찰하고, 소형 카메라로 몸속 구석구석 수술 없이 눈으로 관찰할 수 있는 세상이다. 한의학에서는 여전히 외부로 나타나는 관찰 결과를 진단의 중요한 정보로 삼는다. 우리 몸을 블랙박스(Black Box)로 보고 입력과 출력을 비교하여 몸속 상태를 관찰할 수 있다는 장상(臟象) 학설이다. 즉 체내의 장부(臟腑)를 살필 때 외부로 드러나는 생리적, 병리적 현상을 종합하여 그 상태를 파악할 수 있다는 이론이다.

이러한 이론은 첨단 기기가 발달한 현재까지도 유용하다. 때에 따라서는 첨단기기로 관찰할 수 없는 미묘한 내용을 짐작하는데 오히려 도움을 받는 경우도 있어서, 학자에 따라서는 첨단기기에 의존할수록 한의사의 진단 감각이 무뎌짐을 지적하기도 한다. 마치 자동화가 될수록 기술자의 감각은 점점 퇴화하고 결국 자동화 시스템의 일부가 고장 날 경우 대처하기 어려운 상황을 맞게 되는 것과 같다는 것이다.

『황제내경(黃帝內經)』에는 오열오사(五閱五使)라 하여 얼굴에 있는 오관(五官)을 통하여 신체 내의 장부를 열람하고 상태를 판단하는 방법이 기록되어 있다. 눈, 귀, 코, 혀, 입술을 장부와 각각 짝지어 설명한다. 코는 폐(肺)의 상태를 반영하는데 폐가 병이 들면 호흡이 곤란해지고 콧방울이 넓어진다. 눈은 간(肝)과 연관되는데 간이 병들면 눈의 흰자위가 청색으로 변하고, 입술은 비(脾)의 상태를 나타내는데 비가 병들면 입술이 황색으로 변한다. 혀는 심장(心臟)의 상태를 반영하고, 심장이 병들면 혀가 수축하여 말하기 어렵고 광대뼈 부위가 적색으로 변한다. 귀는 신(腎)의 상태를 나타내는데 신 기능이 이상하면 광대뼈 부위와 이마가 흑색으로 변한다고 기록하고 있다.

당시 과학적 관찰의 한계로 적용에 어려움이 있겠으나, 요즈음 임상에서도 활용되는 것을 보면 꼭 그렇지만도 않다. 비위(脾胃)가 허(虛)한 환자는 입술이 흰색으로 변하고 입가에 침이 흰 거품이 생기듯 잘 고인다. 심장이 열(熱)이 있는 환자는 혀 끝에 붉은색이 많이 나타나고 얼굴 전체가 불그스레하게 변하는 경우가 많다. 그리고 귀가 큰 사람은 신장이 튼튼하고, 귀가 작고 검은 색인 사람은 신장이 허하다. 귓바퀴가 튀어나온 사람은 간장이 허하다고 본다.

외부의 현상만을 가지고 내부의 모든 것을 알 수는 없지만 이를 참고하면 충분히 장부의 상태를 짐작할 수 있다. 그리고 이러한 정보를 과신하여 환자의 중요한 호소를 소홀히 하고 불문진단(不問診斷)을 한다면 의사의 최선을 포기하는 격이 되므로 첨단 진단도 동시에 참고한다.

'마음을 곱게 쓰면 얼굴이 고와진다'는 말을 실제로 실천함으로써 건강을 유지하고 미모를 가꾸는 것이 현명할 것 같다.

4.

병을 죽이지 말고
사람을 살리자

한의학에서는 옛날부터 병 치료를 전쟁에 비유하여 사기(邪氣)를 적으로 보고 사기를 제거해야 한다고 하였지만, 이상적인 병 치료는 정기(正氣)를 도와야 하는 것이라고 강조하였다. 현대인에게 암은 여전히 생명을 위협하는 가장 두려운 병이다. 암은 외부에서 온 병균이 아니라 우리 몸속에 있던 정상세포가 어떤 원인에 의하여 갑작스레 자신도 부정하는 변종이 된 것이다. 이러한 암을 치료하기 위하여 서양의학에서는 암 조직을 수술로 제거하거나, 암 조직에 제공되는 영양분을 차단하고 혹은 암세포에만 치명적인 약을 투여한다. 즉 암을 적으로 간주하고 죽이는 전략을 구사하는데 마치 내부의 반란군을 처단하는 식이다. 이러한 방식이 효과적인 경우도 있지만 많은 경우에서 내부 반란군을 처단하려다 선량한 시민을 다치는 폐해가 나타난다. 가장 단적인 예가 항암 치료 시 머리카락이 빠져버리는 부작용이다. 일반 세포보다 성장

속도가 빠른 암세포를 죽이려다 멀쩡한 머리카락이 다 빠져버리는데, 성장 속도가 빠른 머리카락을 항암제가 암세포로 오인하여 죽이는 실수이다.

서양의학에서 밝힌 암의 정체는 정상적인 세포가 어느 순간부터 영양분을 혼자 흡수하면서 급속하게 성장하여, 결국 주변의 정상적인 조직이나 기관을 압박하고 정상 기능을 방해하여 생명까지 위협하는 존재이다. 암은 마치 우리 사회에 심각한 영향을 미치는 범죄인들과 같다. 왜냐하면 그들도 범죄를 저지르기 전에는 분명 부모·자식과 함께 생활하던 우리의 다정한 이웃이었는데 어떤 계기로 우리와 다른 사람이 되어 버리기 때문이다.

미국의 유명한 자연치유 학자인 하버드 의대 출신 앤드류 와일(Andrew Weil)은 서양의학은 '몸을 살리려 하기보다 병을 죽이는 데 급급하다'고 지적했다. 한편 한의학은 일찍이 병을 치료하면서 죽이기보다 몸을 살려 병을 이길 수 있도록 도와주는 방법을 사용하였다. 한의학에서는 병이 생기는 대부분의 원인은 '정기허 사기실(正氣虛 邪氣實)'이지만, 그중에서도 정기의 부족함이 가장 근본 원인임을 강조하였다. 병이 갑자기 생기는 것이 아니라 감정 변화, 음식 습관, 대인 관계처럼 그 사람의 생활 습관에 관련된 모든 요인이 영향을 미친 결과가 병이라고 인식하였다. 동시에 외부의 사기(邪氣)가 아무리 지나치더라도 자신의 정기(正氣)가 있으면 병을 이겨낼 수 있다고 보았다.

와일 박사가 말하는 자연치유는 '인간이 태어날 때부터 가지고 나온 능력인 치유력'이며, '외적인 강요나 자극에 의한 결과가 아니라 내재한 힘으로 자연히 발생'하는 것이라고 보았다. 그는 '치유는 밖에서 오는 것이 아니라 내부로부터 온다'고 강조하면서 최고의 의학, 이상적인 의학은 바로 이 치유의 메커니즘을 도와 그것이 가장 효율적으로 기능하도록 도와주는 것임을 강조하였다. 바로 한의학적 치료법이다.

9.11테러 이후 최근의 이라크에 대한 미국의 대응 방식에 세계 많은 나라들이 우려를 표명한다. 이러한 걱정은 암 치료에 대한 한의사들의 견해와 일맥상통한다. 왜냐하면 적을 궁지로 몰지 않으면서 어떻게 하면 그들을 달래면서 함께 살 수 있도록 할지를 고민하기 때문이다. 그리고 그 원인이 환자의 잘못된 생활 습관에 있다고 판단되면, 감정 변화를 조절해 주고 식단을 바로잡고 정기(正氣)가 최대한 발휘하도록 침과 약으로 도와주는 것이다. 암을 죽이는 독한 약을 쓰지 않으면서도 몸에 열이 많은 사람이면 열을 치고, 몸이 차가우면 체온을 따뜻하게 하여 암과 더불어 살도록 도와주는 것이다. 이러한 치료 원칙은 암뿐만 아니라 모든 병에 적용되며 자연과 함께 더불어 살아가면서 체득한 원리이다. 질병만 죽이려 하지

말고 몸을 살리기 위해 노력해야 한다.

5.

매년 세우는 건강 계획이
나를 살린다

새해 특집으로 각종 언론매체에서 건강과 관련된 캠페인을 펼친다. 그만큼 건강은 우리 삶에 중요한 가치를 가진다. 새해의 가장 큰 소망이 건강이라는 뉴스 보도에서 땀을 흘리며 열심히 달리기하는 모습을 보면서 새삼스레 절기를 생각하게 된다.

모두 새해가 되면 가족과 자신의 건강을 목표로 가벼운 산책부터 수영, 헬스 등 다양한 운동계획을 세우게 된다. 왜냐하면 새해를 맞이하는 1월이 한 해의 시작이기 때문에 마치 우리 몸의 기운이나 외부의 기후도 봄처럼 새로운 기운이 생동할 것이라고 착각하기 때문이다. 하지만 음력으로 보면 소한(小寒), 대한(大寒)이 있고 설날이 지나야 입춘(立春)이 된다. 1월은 한겨울이므로 겨울 기운을 생각하면서 운동계획을 세워야 한다. 한의학에서는 겨울의 지나친 운동은 오히려 봄이 되어 병을 일으키게 되는 경우가 있음을 지적한다.

한의학에서 사계절의 기후 특징을 말하면서 겨울은 장 (藏) 즉 품어서 감추고 숨긴다고 하였다. 겨울은 기온이 떨어져 모든 사물들이 움직임을 줄이고 속으로 기운을 감추고 저장하여 새로운 봄을 준비하는 때임을 말한 것이다. 기온이 내려가면 체온 유지가 어려우므로 겨울에 동물들은 겨울잠을 자거나 먹이를 위한 행동을 제외하고 움직임을 줄이면서 체온 손실은 물론이고 에너지 소모를 최대한 줄이는 본능에 따라 살아간다.

하지만 우리들은 난방기 덕(?)에 빠져 겨울도 여름처럼 지내면서 본능이나 기후와 동떨어진 생활을 하며 지낸다. 한겨울에도 난방기가 있는 실내에서 땀을 뻘뻘 흘리면서 운동을 하고 운동 후에도 시원한 찬 음료수를 마시면서 개운하다고 생각한다. 과연 바람직한 운동일까 한 번쯤 생각해야 한다. 쌀쌀한 날씨에 냉수마찰은 하지 못하더라도 겨울의 찬 기운에 온몸을 맡겨 몸을 단단하게 해야 한다. 그리고 몸을 움직이되 몸속 깊은 곳에서 생겨나는 열기를 느낄 정도로 움직이고 땀을 흘릴 정도로 지나친 운동이 되지 않도록 조심해야 한다.

그리고 운동 캠페인을 보면 유명 외국 박사와 함께 권장하는 내용이 하나같이 적당한 운동, 적절한 식사, 금연 등이다. 분명 중요한 내용인데 항상 우리 몸을 마치 기계처럼 생각하는 사고에 빠져있다. 사람은 기계와 달리 마음이 중요한 몫을 한다. 마음이 움직이면 몸도 움직이지만 몸이 무거워지면 마음도 무거워진다. 건강을 위한 마음의 준비와 편한 마음이 무엇보다 중요하다. 건강을 위한 계획이 작심삼일이 되지 않도록 해야겠다는 지나친 부담감으로 오히려 스트레스가 된다면 사람은 기계와 달리 병이 생기게 된다.

따스한 봄날이 오면 저절로 마음이 봄바람 따라 움직이듯 우리 몸이 서서히 풀리기 시작한다. 따라서 추운 겨울 독한 마음먹고 운동하기보다 서서히 마음을 다져가는 편이 훨씬 순리적일 것이다. 그리고 겨울에는 일찍 자고 늦게 일어나라고 하였다. 그만큼 몸과 마음이 충분히 기운을 저장할 수 있도록 시간을 주라는 건강의 지침이었다.

겨울은 추울수록 병충해가 줄고 눈이 많이 내려야 농사 물 걱정도 덜었다. 우리 몸도 마찬가지로 추워야 몸이 단단해지고 눈이 와야 겨울 건조함을 덜 수 있다. 추운 겨울 시원한 동치미 국물과 꽁꽁 언 팥죽 새알을 먹고 온몸에 열기가 생기는 경험을 한 어르신들은 겨울 맛을 알았기에 건강하셨던 것 같다. 몸과 마음을 겨울에 맡기고 기운을 비축하며 겨울답게 지내고 입춘이 오면 한 해 건강 계획을 세우도록 하자.

지혜를전하는큰어른

　공부를 잘하는 것보다 지혜로워야 한다는 말을 세월이 한참 지나고서 이해한 것 같다. 학교 공부는 시험으로 평가하지만, 지혜는 평가 방법도 없고 판단할 상황도 흔하지 않았으며, 나이로 가늠할 수도 없었다. 성적과 관계없이 뭔가 뛰어난 또래도 있었고, 어른답지 않은 어른도 있었다. 프로 세계는 나이나 단계별 성장의 체급을 적용하지 않는다. 타고난 천재는 또래를 뛰어넘고 고수들은 그들을 알아본다. 천재의 재능과 달리 지혜로움은 오랜 경험을 통해 얻게 되는 판단력으로 어떠한 상황에서도 흔들리지 않고 여유롭게 대처하고 한 평생 자신의 소신을 지키며 실천하는 능력인 것 같다. 어른은 지혜로울 확률이 높다. (똥) 고집이 센 사람은 시간이 지나고 보면 따르는 사람이 없고, 소신을 지킨 사람은 먼 훗날에도 그를 기린다.

지혜로운 어른은 경험한 몸으로 모범을 보이는 100세인이다. 100세를 살아본 김형석 교수의 소감이 베스트셀러가 된 지 오래다. 90세 정신과의사 이시형 박사의 자연치유력, 80세 윤방부 교수의 25년 똑같은 아침 식단, 70세 몸짱 외과의사 김원곤 교수 등 의학을 전공한 전문가의 유튜브 조회 수가 많은 이유가 장수비결 때문인지 궁금하다. 병이 생길 때까지 기다렸다가 수술이나 약물로 치료하는 의사들인데, 공통적으로 장수와 건강수명과 관련된 운동, 영양, 정서 관리를 강조하고 이를 직접 실천하고 있다. 의사뿐만 아니라 100세를 넘긴 장수인은 주변에 많다.

장수와 관련된 유전자 후보인 APOE(apolipoprotein E)와 FOXO3(Forkhead Box O3), 장수촉진제 라파마이신(rapamycin), 그리고 영양실조 없는 열량 제한(caloric restriction without malnutrition) 등 다양한 방법이 있지만 효과는 여전히 미흡하다. 장수나 건강에 해롭다고 말하는 담배, 맥주, 위스키, 베이컨, 달걀 심지어 다이어트 콜라를 매일 즐겼음에도 104~122세까지 장수한 사례도 있다. 장수 '비결'을 갈망하고 장수인의 독특한 습관에 집착하지만, 나쁜 생활 습관에도 건강한 100세 혹은 110세 초백세인(supercentenarian)은 만성질환이 10년~30년 늦게 걸리는 경향이 있고, 유전적으로 신체와 인지 노쇠에 저항하는 회복탄력성(resilience)을 지닌다. 생애 말년 10년을 질병이나 장애로 어려움을 겪는 사람들과 달리, 장수인들은 노쇠 기간이 짧고 병을 짧게 앓다가 사망하므로 수명과 건강수명이 대체로 유사하게 나타난다.[58]

대한민국은 선진국의 반열에 올랐다. 전쟁 폐허에 빌딩이 들어서고, 논밭이 대규모 공단으로 바뀌었다. PC 수준의 휴대전화를 들고 세계를 누비며 해외에서도 김밥이나 김치를 접할 수 있다. 자동차와 TV처럼 제품뿐만 아니라 문화예술도 수출한다. 선진국이라면 그리고 어른이라면 졸부가 누릴 수 없는 문화와 품격을 갖춘 여유와 배려를 갖춰야 할 것이다.

영국을 여행하면서 노인이나 약자, 반려동물을 배려하는 문화를 보며 산업혁명 이후 누렸던 부자의 여유를 느낄 수 있었다. 고령의 노인조차 자신의 아픔에만 매달리거나 죽음을 이기려 발버둥 치는 모습은 볼 수 없었다. 여유를 가진 어른은 주변에 의존하지 않고 아름답게 삶을 마무리한다.[59]

『아름다운 삶, 사랑 그리고 마무리』, 『헬렌 니어링의 소박한 밥상』 등으로 알려진 헬렌 노우트 니어링(Helen Knothe

Nearing)은 스콧 니어링과 함께 '조화로운 삶'을 평생 실천하여 전 세계에 귀농과 채식 대유행을 일으켰다. 먹고 사는 데 있어 적어도 절반 이상 자급자족하고, 돈을 모으지 않고, 동물을 키우지 않으며 고기를 먹지 않는다. 문명화된 사회를 벗어나 자급자족하며 자연에 해를 끼치지 않으면서도 검소하고 단순한 삶을 살았다.

그는 최소한의 생계를 위한 노동 4시간, 독서와 명상의 지적 활동 4시간, 여행 등 친교 활동 4시간으로 '조화로운 삶(good life)'을 꾸렸다. 방종적 낭만과 게으름을 철저히 경계하며, 스스로 12가지 삶의 원칙을 세워 부지런히 몸을 움직여 먹고 살 문제들을 해결하였다. 평생 동안 정신을 풍성히 하는 데 힘썼으며 삶의 매 순간을 명료한 의식과 치열한 각성 속에 살았다.

통밀빵과 생과일, 최대한 조리하지 않은 음식으로 식사했고 육식은 하지 않았다. 반세기 동안 의사 없이 건강하게 생활한 그녀의 몸 자체가 건강식의 증거가 되었다. 100세 되던 해에 음식을 서서히 끊음으로써 작별을 고했다.

나 또한 삶에 큰 고마움을 느끼며 또 죽음이 삶을 아름답게 마무리할 수 있는 데 큰 고마움을 느낀다. 우리는 누워서 병을 앓으며 무력한 삶을 계속 살아갈 필요가 없다. 요양원에서 이루어지는 긴 사멸의 공포를 느낄 필요도 없다. 우리가 집에 있고 우리 희망을 알릴 수 있으면, 우리는 먹는 것을 멈출 수 있다. 그것은 간단한 일이다. 병구완하지 않고 먹는 것을 멈추면, 죽음은 우리 앞에서 두 손을 활짝 벌린다. 스코트의 죽음은 내게 훌륭한 길, 훌륭한 죽음을 보여 주었다. 고통과 억압이 없는 죽음, 여전히 생명의 흐름이 이어지는 것을. 그렇기 때문에 슬픔이 없다.[60]

꽃과 동물, 자연을 존중하는 자연주의자 타샤 튜더(Tasha Tudor, 1915~2007)는 56세에 버몬트주 산골에 땅을 마련하여 18세기 풍 농가를 짓고 정원을 일구기 시작했고, 미국에서 가장 유명한 정원 중 하나가 되었다. 그녀는 열다섯 살에 학교를 그만두고 혼자서 살기 시작하여 그림을 그리고 동물을 키우면서 화초 가꾸는 일에 열중하였다. 스물세 살에 첫 그림책 『호박 달빛』이 출간되면서 전통적인 그림이 세상에 알려졌다. 이후 『1은 하나』 등으로 칼데콧 상을 수상하여 그림책 작가로 명성을 얻고 100여 권의 그림책을 남겼다.

19세기 생활을 좋아해서 골동품 옷을 입고 골동품 가구와 그릇을 쓰는 골동품 수집가이기도 하고, 고풍스러운 취미인 인형 만들기를 즐겼다. 92세 여름, 평생 사랑한 정원의 품으로 돌아갔다.

세상을 넓게 보고 역사를 길게 보는 어른이 있어야 나

라가 안정된다. 마을 입구에서 백 년 이상 버텨 온 뿌리 깊어 바람에 흔들리지 않는 나무가 되어야 한다. 존재만으로 감사하고 평안을 느끼는 그런 어른이 많아져야 한다. 뿌리 깊은 나무들이 든든한 버팀목이 되는 숲이 되면 좋겠다.

Hampstead Heath in London

최근 사회·문화·경제적으로 일어나는 개인이나 사회의 갈등은 모두 분류와 차별의 문제이다. 차이에 대한 배려가 아니라 비생산적이고 비효율적이라는 가치 판단 때문이다. 출산율 최저로 미래 생산인구가 줄어들고 초고령 시대를 앞둔 지금, 이제는 대한민국도 주변국에서 일자리를 찾아서 올 수 있도록 외국인을 위한 사회·문화적 환경을 마련해야 한다. 다문화를 존중하는 선진국이 되기 위해서는 직업, 언어, 습관, 의식주, 태도, 감정 표현 등 사소한 부분까지 세심하게 다름을 인정하는 사회가 되어야 한다.

'빨리'의 장점은 유지하되 세상을 감동시키는 마음으로 '천천히'를 실천해야 한다. 영국에서 노인들이 지팡이를 짚고 버스를 타려면 버스는 바닥을 내리고 편하게 타도록 준비한다. 노인들은 천천히 타면서 한참 동안 입구에서 기사와 인사를 나눈다. 자리에 안전하게 앉을 때까지 누구도 '빨리' 타라거나 앉으라고 다그치지 않고 기다린다. 지하철에 함께 타는 반려견에게 미소를 보내고 인사를 나눈다.

새로 설치하는 공중화장실은 장애인을 기준으로 넓게 만들고 응급처치도 가능한 시설도 설치하여 비장애인이 함께 이용한다. 외진 시골의 기차역 길도 계단이 아니라 경사로이다. 약자에 대한 배려가 오랜 문화로 자리를 잡았다. 장애인구역에 불법주차는 상상할 수도 없고, 노란색 신호등이 있는 사람 중심 횡단보도는 휴대전화를 보며 건너도 안전할 정도이다. 사람도 반려동물도 함께 수영을 즐기는 구역이 있다.

우리 사회도 분류 잘하는 눈치로 나와 다른 사람의 차이를 세심하게 알아차리고 배려하는 문화를 '빨리' 만들면 좋겠다. 이 모든 것이 마음 치유와 관련이 있다. 급하게 이루었던 성과를 이유로 군림하거나 권위를 누리기보다, 그 과정에서 상처 주거나 받았던 스스로를 되돌아보고 반성하여 치유하면서 배려하고 베푸는 삶을 실천하는 홍익 세상 만들기에 나서면 좋겠다.

건강의 뿌리와 세상을 향한 날개를 전하는 지혜로운 큰 어른을 기대해 본다.

괴테 할머니 전영애 교수가 괴테의 글에서 뽑은 구절

"아이들은 부모로부터 두 가지를 받아야 한다.

그것은 뿌리와 날개다."

Zwei Dinge sollen Kinder von ihren Eltern bekommen:

Wurzeln und Flügel

세상을 딛고 살아가는 힘의 원천이 되는 뿌리!

중력을 이기고 자유롭게 날아오르듯

무한한 잠재력을 펼치는 날개!

미주

1) 기(氣)와 형(形)의 지나친 변화가 일어남이다. 예를 들면 돈부는 지나치게 번식하며 비후(肥厚)하게 되는 것으로 인간이나 동물의 경우 살이 지나치게 찌는 것이고 초목의 경우는 뿌리에 비하여 잎이나 줄기가 지나치게 무성하게 되어 지탱이 어려워지는 상태이다.

2) 질병도 신경장애(알츠하이머병, 파킨슨병, 다발성 경화증, 간질 등)와 정신장애(우울증, 불안, 조현병, 양극성 장애 등)로 구분하여 치료하고 있다.

3) 2010년 9월, 미국 국립보건원(NIH)에서 인간 커넥톰 프로젝트(The Human Connectome Project, HCP)를 시작하였다. 2014년 10월, Allen Institute 연구소가 쥐의 커넥톰을 발표하였다. 녹색 형광단백질로 대뇌피질, 시상, 소뇌의 신경세포들을 발현시켜, 0.35-um 두께 절편을 연속 이광자 현미경(Serial Two-photon microscopy)으로 촬영하였다. ("인간 커넥톰 프로젝트와 신경망 장애", <포항공대신문>, 박준성 필진 (한국과학기술원 의과학대학원 통합과정), 2015.09.23. 참조.) fMRI 영상은 뇌의 정육면체 또는 3차원 화소로 취급하는 정교한 통계 분석 결과물이지, 뇌를 구성하는 약 100만 개인 뇌세포인 뉴런 각각의 개별적인 활동과 차이가 있다. 뇌 영상은 특정 영역이 활성화되어 있는지 보여줄 뿐이므로 특정 뉴런의 작용이나 결과를 알 수 없다.

4) 대니얼 M. 데이비스, 『인체에 관한 모든 과학』, 김재호 옮김, 에코리브르, 2023. 4장 다양한 색깔을 지닌 뇌 참조.

5) https://www.youtube.com/watch?v=-PDy_GDBSKw [브레인 창간 15주년] 박문호 박사의 뇌 공부 가이드 '뇌, 공부합시다' 참조 (뇌과학의 이해를 위해 ① 뇌 해부, ② 뇌과학 대가의 이론, ③뇌 관련 다학제적 저서를 소개하고 있다.)

6) 두뇌는 머리 두(頭) 자에 정수리[신(囟)]와 연관된 뇌(腦=肉+毛+囟)를 합친 말이고, 사(思=囟+心)도 머리와 마음의 조합이다. 고대에도 '머리뇌심'의 연결을 체험하고 있었다.

7) '신경을 쓰다', '신경에 거슬리다', '신경을 한곳에 모으다' 용례처럼 '어떤 일에 대한 느낌이나 생각'을 의미하는 신경(神經)은 일본에서 만든 말이다. 독일 의사 저서인 『Anatomische Tabellen』 네덜란드어판을 1774년 일본어로 번역하면서 『解體新書』에서 'Zneuw'를 '神(氣)+經(脈)=神經으로 바꾸었다.

8) 시각·청각·촉각·후각·미각 감각기관의 신호를 정보로 만드는 활동

9) 의식(consciousness)은 '내가 나를' 알아차리고, '내가 왜 나인지' 등과 관련된 뇌과학의 현재 진행형 연구 과제이다. '의식'은 목적이 있는 '의도(意圖, intention)', 본능(instinct)에 의한 '의욕(意欲)', 내용에 뜻이 있는 '의미(意味, meaning)' 등으로 일어나고 사라지는 '상태'이다. 무의식 상태는 혼수나 일시적 기립성저혈압으로 경험할 수 있다. https://www.youtube.com/watch?v=VZnB2z8J7fY (지혜의 다락방 박문호 박사의 인간에게는 있고 AI에게는 없는 것) 참조.

10) 뇌가 다른 사람들보다 감각 정보를 더 깊게 처리하여 결과적으로 과도한 자극을 받고 압도당하는 사람을 예민한 사람이라 하고, 이러한 신경학적 특성을 지닌 사람은 미국인의 15~20%로 추정한다. 수줍음이 많은 사람이나 억제되어 신경질적 또는 내향적인 사람과 구분해야 한다. 심리학자 Elaine Aron이 개발한 민감도테스트(High Sensitive Person Test)로 관찰할 수 있다. '감각처리민감도(SPS)' 또는 '매우 민감한 사람'은 행동으로 뛰어들거나 직접 본능에 따라 행동하기보다는 행동하기에 앞서 철저히 관찰하고 반영하는 생존 전략의 한 유형으로 발달되었다고 보고 있다. (일레인 N. 아론, 『타인보다 더 민감한 사람』, 노혜숙 옮김, 웅진지식하우스 2017. 참조)

11) 피터 아티아, 빌 기퍼드, 『질병 해방』, 이한음 옮김, 부키, 2024. 17장 정서 건강 보살피기: 내가 정서 건강을 무시한 대가와 교훈 참조

12) 2022년 1월, 한 사람이 세상을 떠났다. '망설임도, 두려움도 없이 떠납니다.'라는 한마디를 남겼다. 수많은 스웨덴인들을 불안에서 끌어내어 평화와 고요로 이끌었던 그는 루게릭병에 진단받은 후에도 유쾌하고 따뜻한 지혜를 전했다. 눈부신 사회적 성공을 거뒀지만 모든 것을 버리고 숲속으로 17년간 수행을 떠났던 저자의 여정과 깨달음, 그리고 마지막을 담은 책이다. (비욘 나티코 린데블라드, 『내가 틀릴 수도 있습니다』, 박미경 옮김, 다산초당, 2024. 도서 소개 참조)

13) 자율신경계(自律神經系, autonomic nervous system, ANS)는 우리 의식과 무관하게 자동적으로 외부 자극이나 상황에 흥분 혹은 억제로 대응하며 혈압, 호흡, 심박, 체온, 체액 등을 조절한다.

14) 선수행(禪修行) 중심의 한국불교는 남방 불교의 '위빠사나(vipassan, 觀)'와 북방 불교의 '사마타(samatha, 止)'수행을 기본으로 한 '지관겸수(止觀兼修)'를 행주좌와어묵동정(行住坐臥語默動靜)으로 일상에서 실천하여, 선정(禪定)과 지혜(智慧)를 지향하는 '정혜쌍수(定慧雙修)'를 강조한다. (월암, 『생각 이전 자리에 앉아라』, 도서출판 보문, 2022. 참조)

15) 호흡은 자율 기능이지만 의식적으로 조절할 수 있다. 심장이나 위장은 마음대로 조절할 수 없지만, 언제 어떻게 얼마나 호흡할지 선택할 수 있다. 일부러 느리게 호흡하면 미주 신경망을 따라 소통이 시작되고 부교감 상태로 이완이 되고, 빠르고 격하게 호흡하면 미주신경 반응을 반대로 뒤집어 스트레스 상태로 몰아갈 수 있다. 호흡법은 '코와 입 호흡', '들숨과 날숨', '움직임 맞춤 호흡', '느리고 적게, 때론 많이'의 구체적 방법이 있다. (제임스 네스터, 『호흡의 기술-한 평생 호흡하는 존재를 위한 숨쉬기의 과학』, 승영조 옮김, 북트리거, 2021. 참조)

16) 눈치는 다른 사람의 기분이나 어떤 주어진 상황을 때에 맞게 빨리 알아차리는 능력이다. 외부 정보가 시각 정보를 처리하는 부위에 도달하고 이를 상황에 맞는 반응으로 연결하기까지 대략 0.15초 걸린다. 상황에 대처하는 시차를 줄이기 위해 뇌는 미리 예측하여 대처한다. 반응 시간은 20대를 정점으로 나이가 들면서 느려지지만, 처리 속도는 60대까지 유지되기 때문에 경험이 많은 어른이 눈치가 더 빠른 것처럼 보인다. ("뇌의 정보 처리 능력은 60살까지 늙지 않는다", <한겨레>, 곽노필 기자, 2012.02.21. 참조)

17) 자기조절력(나 자신과의 소통능력), 대인관계력(타인과의 소통능력), 자기동기력(세상과의 소통 능력) 세 가지 범주의 소통 능력이 마음 근력이고, '전활편안(전두엽피질 활성화 편도체 안정화)'이 되도록 마음을 훈련하는 방법을 소개한다. (김주환, 『내면소통-삶의 변화를 가져오는 마음근력 훈련』, 인플루엔셜, 2023. 참조)

18) 오지상승 감정조절의 수양 기 싸움; '살던대로 살아야' 애욕 갈증 뒤늦게 표출 방지 가능, 눈치 보기=살펴보기 ADHD 과둔감=태과/불급 어른은 자유자재, 관계 회복은 파사현정으로

19) 토마스 한나(Thomas Hanna)에 의해 1975년에 구축된 학문 분야로, 고유수용 감각(proprioceptive senses)으로 제1자적 시각에서 몸을 체험하며 연구하는 학문이다. 소마(soma; 몸)는 지성, 감성, 영성이 통합된 몸으로 직접 체험에 의해 터득되는 몸이다. 체험을 하면서 몸과 세상을 알게 되는데, 몸의 세 가지 체험은 ① 직접 자신이 움직이는 몸을 스스로 자각하는 1자 체험, ② 상대의 손길에 의해 체험하게 되는 몸의 2자 체험 (인간이 공동체임을 인식하게 되며 치료와 치유 그리고 관계 회복이나 공동체 형성에 유익하다.) ③ 같은 공간에 있으면서 직접 접촉이 없는 사람과의 경험으로부터 체험하는 몸과 마음의 3자 체험으로 구분한다. 몸을 사용하는 무용가, 운동선수뿐만 아니라 몸으로 사는 인간 모두에게 '지금 여기'의 삶을 보다 건강하고 멋지게 살게 하는 수련 방식이다. (Thomas Hanna, 『Somatics: Reawakening the mind's control of movement, flexibility, and health』, Da Capo Press, 2004. 김정명, 『예술지성-소마의 논리』, 명지대학교출판부, 2016. 등 참조)

20) 요제프 필라테스(Joseph Pilates)가 만든 운동으로, 신체를 의식적으로 조절하는 데 중점을 두고 정확하게 반복되는 동작을 통해 균형 잡힌 근육을 발달시키는 신체 단련을 목적으로 시행한다. 1880년 독일에서 태어난 그는 허약해서 어린 시절부터 위해 체조, 다이빙, 스키 등을 통해 체력을 단련시켰다. 청년 시절에는 호신술 강사로 일하고, 1912년 영국에서 권투선수로도 활동했다. 제1차 세계대전 때 독일인이라는 이유로 강제로 수용된 랭커스터 수용소에서 고대 로마와 그리스의 양생법을 접목한 운동을 고안하였다. 전쟁 후 1926년 미국에서 운동법을 보급하기 시작하여, 1929년 '조절학(contrology)'이라는 스튜디오를 열고 제자들을 교육하였다. 무용계에 소개되어 최고의 무용수들 사이에 '필라테스(pilates)'로 불리면서 사후에 제자들이 미국 전역에 보급하였고, 할리우드 배우들에게 소개되면서 더욱 유명해지게 되었다.

21) 모셰 펠든크라이스(Moshé Pinchas Feldenkrais)가 만든 운동시스템으로 신체에 대한 교육과 부드러운 조작을 통해 더 나은 자세를 가르치고 삶의 질을 높이는 것을 목표로 움직임을 통해 자기 인식을 증가시키는 펠든크라이스 방법(Feldenkrais Method)으로 알려져 있다. '생각, 느낌, 인식 및 움직임은 밀접하게

상호 연관되어 있으며 서로 영향을 미친다'는 이론에 근거한 세계적으로 알려진 신체 인지 시스템이다. 1918년 영국으로 이주하여 일하면서 주짓수를 포함한 호신술을 공부하였고 물리학 박사이자 유도 유단자이다. 제2차 세계대전 중 재발한 부상을 스스로 재활하면서 치유 방법을 개발하였다. 특히, 1972년 발표한 ATM 메소드(Awareness Through Movement Method)는 건강을 증진시키고 감각 인지를 높이는 접근법으로 알려져 있다.

22) 하바 셸하브,『움직임을 통한 자각』, 김득란 옮김, 레인보우북스, 2023(개정).

23) https://www.youtube.com/@exerciseforhealth776 (김병곤의 K헬스케어 운동연구소 참조)

24) https://www.youtube.com/watch?v=DwTqs4IHwbs (자세요정, 무너진 자세를 바로 세우는 기적의 자세요정.)

25) https://www.youtube.com/watch?v=CveX5Kzsm6E (송영민의 바르게 걷기)

26) https://www.youtube.com/watch?v=nxLL_HjaAak&t=32s ([건강 알고리즘] 스트레칭 말고 스킵하세요…러닝의 비법-김병곤 트레이너)

27) https://www.youtube.com/watch?v=L4CvZkVd_PU (The secret of methods of Master Choi, 장인비법서) 헤안, 통달, 정진을 내세우고 있다.

28) 20분 안에 0.8km 수영하기, 양손에 13kg 덤벨 들고 1분 걷기, 23kg 양궁 쏘기, 턱걸이 5회 하기, 2분 동안 계단 90개 오르기, 철봉에 1분 매달리기, 가능한 속도의 5~8% 속도로 경주차 몰기, 9kg 배낭 메고 1시간 등산하기, 여행 가방 직접 들고 다니기, 가파른 언덕 오르기 (피터 아티아, 빌 기퍼드, 『질병 해방』, 이한음 옮김, 부키, 2024. 11장 운동: 가장 강력한 장수약 참조.)

29) 피터 아티아, 빌 기퍼드, 『질병 해방』, 이한음 옮김, 부키, 2024. 13장 안정성 훈련하기: 부상과 만성 통증을 예방하는 법 참조할 것.

30) 피터 아티아, 빌 기퍼드, 『질병 해방』, 이한음 옮김, 부키, 2024. 16장 수면, 질과 양 높이기: 뇌에 최고의 약, 잠을 사랑하는 법 참조

31) '새파랗다'는 파란색(blue 혹은 green)의 의미보다 봄에 돋아나는 새싹의 모양과 색깔로 사물을 비유한 것으로, '신선하다(prime)', '새롭다(new)', '에너지가 치솟아 오른다'는 뜻이다. (춘=청, 하=적, 추=백, 동=흑)

32) 하루와 1년을 연관시켜, '아침=봄[生]', '한낮=여름[長]', '저녁=가을[收]', '한밤= 겨울[藏]'으로 나누어, 사람의 일생을 '봄=생(生)', '여름=장(長)', '가을=노(老)', '겨울=이(已)'로 연결한다.

33) 동아시아 전통 의학은 한·중·일이 중심이며 의철학(醫哲學)이나 의료에서 서 양의학과 대비된다. '질병'과 '의학' 중심이 '인간' 중심으로 변하고 미국이나 유 럽에서 통합의학이 활발하다. (EBS 다큐프라임 '의학, 동(東)과 서(西) ; [1부] 시 선, [2부] 고통, [3부] 의사' 2015년 3월 2일~ 4일 방영) 참고할 것.

34) 미국에서 1993년부터 8년 동안 7억 5천만 달러를 투입하여 여성 5만 명 대상 의 저지방 고섬유질 식단이 미치는 대규모 무작위 대조 임상시험 연구를 시행 했다. 저지방 식단 집단과 대조 집단 사이에 유방암, 대장암, 심혈관 질환의 발 병률이나 전체 사망률에서 통계적으로 의미 있는 차이를 전혀 찾아내지 못했 다. (Howard, B.V., et al(2006) Low-fat dietary pattern and risk of cardiovascular disease: The Women's Health Initiative randomized controlled dietary Modification trial, JAMA 295, 655~666.)

35) 미국 식품산업 표준식단은 ① 생산량 증대 ② 저렴한 생산비 ③ 운반 목적의 보존 ④ 맛 위주 비즈니스 모델에서 가당, 섬유질 부족, 정제 탄수화물, 가공유 사용 등 근본적 문제가 있다.

36) 단기 섭식 허용[24(-16=)8시간, (-18=)6시간, (-20=)4시간], 격일 단식 (Alternate-Day Fasting), 특정 기간 저열량(hypocaloric) 식단 적용 등 다양하지 만, 대부분 동물 실험에 근거하였거나 개별 사례로 일반화하기 어려운 한계가 있다.

37) 피터 아티아, 빌 기퍼드, 『질병 해방』, 이한음 옮김, 부키, 2024. 14장 영양, 잘 먹는 법-식사법을 넘어 영양생화학으로, 15장 영양생화학 적용하기-자신에게 가장 알맞은 식단 찾는 법 참조.

38) 브렛 핀레이, 제시카 핀레이, 『마이크로바이옴, 건강과 노화의 비밀』, 김규원 옮김, 파라사이언스, 2022. 참조

39) 사람 됨됨이(사람으로서 지니고 있는 품성이나 인격, 사물 따위의 드러난 모 양새나 특성)와 관련하여 체형, 모습, 성격, 재능, 행동 등을 지표로 몸과 마음

에 타고 난 바탕을 살피는 것.

40) 평소에 자신이 느끼는 증상으로 음식 기호와 소화, 수면, 소변과 대변, 땀 등을 지표로 어릴 때부터 현재와 비교하거나, 다른 사람과 비교하여 자신의 평소 한·열·허·실 상태를 살피는 것.

41) 유전 요인을 검사를 통해 파악하고, 환경을 조절하여 발현을 늦추는 전략이 필요하다. 다만, 예측 유전자 검사(predictive gene test)는 질병의 조기 발견과 의심되는 돌연변이(mutation)를 찾아내지만 가능성일 뿐 확진이 아니다. 6,000개 이상 질병이 단일 유전자 돌연변이에서 기인하지만, 유전되는 암은 전체 암의 5~10%에 불과하다. 대부분 암은 여러 유전자의 복잡한 상호 작용 또는 유전자와 환경요소의 상호 작용이 원인인 복합성 질환(complex disease)이므로 예측이 어렵다. 유전성 유방암의 유전자가 있더라도 발병하지 않고 건강한 사람이 있는데, 다른 유전자의 영향이나 환경적 요인이 작용할 가능성이 있기 때문이다. 건강한 생활 습관을 확립하고, 이미 알려진 유발 인자를 예방하는 것이 중요하다.

42) https://www.youtube.com/watch?v=J3F2M1d-E (다수의 수다, 종교 갈등과 화합, '다 진리면 충돌이 없어야죠', 종교의 본질을 벗어나는 세계 곳곳의 종교 분쟁 21.12.10)

43) 사상체질은 체형, 성격을 고려하여 판별하지만 약물치료를 위한 진단에는 증상(소증과 현증)을 가장 많이 고려한다. MBTI 성격 검사에서 내향성과 외향성은 급변하지 않지만 다른 성향은 2~3년간 반복 측정해 보면 45% 정도는 변한다. 체형이 비만이면 태음인이라고 하지만 약물 처방을 위해서는 표리한열과 위험증을 구분해야 한다. 관련 논문 아래 참조

(조혜진, 노윤환, 조영석, 신동하, 권영규. (2019). 한의전문가시스템을 활용한 사상체질과 한의변증 간의 상관관계 분석. 동의생리병리학회지, 33(5), 255-260, 10.15188/kjopp.2019.10.33.5.255

한은경, 권영규. (2018). 사상체질 진단 연구의 전문가 일치도와 진단 정확률. 동의생리병리학회지, 32(4), 185-196, 10.15188/kjopp.2018.08.32.4.185

이명은, 서한길, 김판준, 채한, 권영규. (2016). 의원급 임상에서 SPQ와 SDFI

를 이용한 사상체질별 특징 연구. 동의생리병리학회지, 30(6), 426-431, 10.15188/kjopp.2016.12.30.6.426

채한, 이수진, 박소정, 김병주, 홍진우, 황민우, 이상남, 한창현, 권영규. (2010). SCL-90-R을 사용한 사상체질별 심리정신 특성 연구. 동의생리병리학회지, 24(4), 722-726.

이재형, 채한, 박수진, 권영규. (2007). QSCCⅡ 반복측정결과 동일체질로 판정된 사람의 기질 및 성격분석. 동의생리병리학회지, 21(5), 1319-1331.

박수진, 양재하, 김광중, 권영규. (2007). QSCCⅡ 체질과 두면부 계측항목의 연관성 분석. 동의생리병리학회지, 21(1), 270-280.)

박수진, 권영규. (2006). 인영기구맥법을 이용한 한의사 A 씨의 체질감별 재현성 및 QSCCⅡ체질과의 일치율 분석. 동의생리병리학회지, 20(1), 262-267.)

44) 한자 문화권의 의학용어는 인체를 은유적으로 표현하고, 고대 의미에 서구 개념을 포함하면서 그 의미가 확장되었다. 차(車)는 고대의 '수레'부터 현대의 '전기자동차'까지 의미하지만, 맥락으로 의미를 파악하기 때문에 문제가 없다. 의학에서 간(肝)과 관련된 '간이 크다.', '간댕이가 부었다.', '간담이 서늘하다.', '쓸개 빠진 놈'이라는 표현처럼 해부학 장기에 감정이나 정신상태 그리고 생리, 병리를 포함하기 때문에 횡격막 아래 'liver'나 'gallbladder'인 해부 실체만으로 이해할 수 없다. '좌간우폐(左肝右肺)' 이론도 이론의 배경지식이 없이 오른쪽 횡격막 아래에 있는 간(liver)이나 횡격막 위쪽 좌우에 있는 폐(lung)로 해석하면 오해를 일으키는 대표적인 사례이다. 수승화강처럼 신체 장부를 자연의 좌우에 배치한 이론이다.

45) 문자와 말 이전에 청(靑)·적(赤)·황(黃)·백(白)·흑(黑)의 오방(五方) 정색(間色)과 녹(綠)·유황(硫黃)·자(紫)·홍(紅)·벽(碧)의 오방(五方) 간색(間色; 오행 상극에 해당하는 색 ['목(청)극토', '토(황)극수', '수(흑)극화', '화(적)극금', '금(백)극목'])에서 선택한 색

46) 머리 위 면류관 위치의 사하스라라(Sahasrara; crown) 차크라. 일반적으로 영적 중심이자 순수의식 상태로 간주되며 1,000개 천연색 꽃잎이 있는 연꽃으로 상징된다.

47) 제3의 눈(third eye)이라고 하는 Ajna 차크라. '제3의 눈'은 두 눈으로 관찰하는 대상의 본질을 보는 또 하나의 눈으로, 관찰하는 대상을 자신의 경험에 따라 선입견을 가지고 보거나 가치를 판단하지 않고 있는 그대로 보는 지혜의 상징이다. 불교에서 어리석음 '무명'에서 벗어나면 깨달음의 경지인 '명'이 되는 것처럼, '제3의 눈'을 뜨게 되면 '제3의 눈'으로 사물의 본질을 보는 지혜가 생긴다.

48) 'nabhi' 또는 '배꼽' 차크라인 마니푸라(Manipura)는 척주를 따른 배꼽부위. 『동의보감』 「내경편 신형」 '臍下三寸 爲下丹田 下丹田 藏精之府也'

49) 단전은 인체의 경혈에서 기운이 가장 많이 모이는 곳으로 에너지 중심(energy center)이다. 상단전, 중단전, 하단전이 있지만 주로 하단전을 말하고, 하단전은 배꼽 아래를 중심으로 한 영역을 말한다.

50) 몸통을 삼초로 나누지만 가슴은 상초, 배는 윗배인 중초와 아랫배인 하초로 나눈다.

51) 장부(臟腑) : 흔히 오장육부는 오운육기론, 오장오부는 오행학설에 영향을 받은 것인데, 오장에 심포(心包)를 포함하고 육부에 삼초(三焦)를 포함시킨 육장육부인 정장정부(正臟正腑)를 말한다.

52) 간장혈[혼](肝藏血[魂]), 심장신[신](心藏神[神]), 비장영[의](脾藏營[意]), 폐장기[백](肺藏氣[魄]), 신장정[지]

53) 12정경은 수태음폐경, 수양명대장경, 족양명위경, 족태음비경, 수소음심경, 수태양소장경, 족태양방광경, 족소음신경, 수궐음심포경, 수소양삼초경, 족소양담경, 족궐음간경이다.

54) '천지(天地)모델'의 우주론에서 천(天)의 상징은 태양이며 불이다. 리괘(離卦)는 하늘괘이다. 지(地)의 상징은 물이다. 감괘(坎卦)는 땅괘이다. 하늘괘와 땅괘의 조합은 기제괘(旣濟卦 坎上離下)와 미제괘(未濟卦 離上坎下)이다. 생명은 어떠한 역경도 극복한다. 항상 다시 시작할 수 있는 것이다. 역(易)의 64괘는 영원한 착종의 순환을 건곤(乾坤)의 첫 괘[首卦]와 기제(旣濟), 미제(未濟)의 마지막 괘[終卦]로 상징화한 것이다. 역(易), 중용(中庸), 노자(老子)를 꿰뚫는 '천지 코스몰로지'의 세계관은 이미 춘추(春秋) 말기에 형성되었다. (김용옥,

191

『사랑하지 말자』, 통나무, 2012.)

55) 중국의 음양과 달리 우리나라는 하늘과 땅 그리고 사람(천·지·인 혹은 천·인·지) 중심인 삼재(三才) 사상이 발달하였다.

56) 성해영 교수(서울대 종교학과)의 '무종교의 종교 개념과 새로운 종교성', '종교보다 개인 영성 추구 혹은 힐링', '기존 종교를 넘어선 종교 이후의 종교'에 대한 소개 참고.

(https://www.youtube.com/watch?v=tdH37MzCN78&t=3448s)

57) JTBC 토일 드라마 <나의 해방일지>에 나오는 직장 동아리 '해방클럽'처럼 각자의 일지를 서로 그냥 들어주기로 했다. 염미정과 구자경이 나눈 대사처럼 매일 조금씩 성장하기 위해.

"해방일지에 그런 글이 있더라? 염미정의 인생은 구 씨를 만나기 전과 만난 후로 나뉠 것 같다는."

"미 투." "나 미쳤나 봐. 내가 너무 사랑스러워. 마음에 사랑밖에 없어. 그래서 느낄 게 사랑밖에 없어."

"한 발, 한 발, 어렵게, 어렵게."

58) 피터 아티아, 빌 기퍼드, 『질병 해방』, 이한음 옮김, 부키, 2024. 4장 백세인의 비밀, 5장 장수약을 찾아서

59) 일본 베이비부머들이 75세에 진입하는 2025년은 초고령사회 비상의 해이다. 급증하는 의료비와 간병비 급증으로 인한 재정 압박과 간병 인력 부족 사태를 우려하며 대안으로 '탈 병원, 향 재택' 방침을 세웠다. 주민들이 함께 돌보는 '커뮤니티 케어(community care, 지역포괄 케어)'를 추진하고, '마을 전체를 하나의 병원으로'를 슬로건으로 내세워 지역 중심 케어를 실천하고 있다. 의사나 고령자나 혼자가 아니라 지역과 함께 '재택 임종이 자연스러운 마을'을 목표로 하는 다직종 연계 의료 네트워크도 확산하고 있다. (김웅철, 『초고령사회 일본이 사는 법』, 매일경제신문사, 2024. 참조)

60) 헬렌 니어링, 『아름다운 삶, 사랑 그리고 마무리』, 이석태 옮김, 보리, 1997, p.233.

Collectio Humanitatis pro Sanatione II

차크라의 지혜

초 판 1쇄 2024년 09월 25일
초 판 2쇄 2025년 04월 30일

지은이 권영규
펴낸이 류종렬

펴낸곳 미다스북스
본부장 임종익
편집장 이다경, 김가영
디자인 윤가희, 임인영
책임진행 이예나, 김요섭, 안채원
표지 일러스트 임환재 〈장자의 꿈〉
저자 일러스트 신노을
책임편집 이지수, 김남희, 류재민, 배규리, 최금자

등록 2001년 3월 21일 제2001-000040호
주소 서울시 마포구 양화로 133 서교타워 711호
전화 02) 322-7802~3
팩스 02) 6007-1845
블로그 http://blog.naver.com/midasbooks
전자주소 midasbooks@hanmail.net
페이스북 https://www.facebook.com/midasbooks425
인스타그램 https://www.instagram.com/midasbooks

ISBN 979-11-6910-802-7 03100

값 18,000원